# 高光面试法

## 没有瞩目的背景，也能脱颖而出

丁晨琦◎著

中国铁道出版社有限公司
CHINA RAILWAY PUBLISHING HOUSE CO., LTD.

**图书在版编目(CIP)数据**

高光面试法:没有瞩目的背景,也能脱颖而出/丁晨琦著.—北京:中国铁道出版社有限公司,2023.5

ISBN 978-7-113-30000-5

Ⅰ.①高… Ⅱ.①丁… Ⅲ.①职业选择-基本知识 Ⅳ.①C913.2

中国国家版本馆 CIP 数据核字(2023)第 035175 号

**书　　名:**高光面试法——没有瞩目的背景,也能脱颖而出
GAOGUANG MIANSHI FA MEIYOU ZHUMU DE BEIJING YE NENG TUOYING'ERCHU
**作　　者:**丁晨琦

---

**责任编辑:**巨　凤　　**编辑部电话:**(010)83545974
**封面设计:**仙　境
**责任校对:**苗　丹
**责任印制:**赵星辰

---

**出版发行:**中国铁道出版社有限公司(100054,北京市西城区右安门西街 8 号)
**印　　刷:**三河市国英印务有限公司
**版　　次:**2023 年 5 月第 1 版　2023 年 5 月第 1 次印刷
**开　　本:**710 mm×1 000 mm　1/16　**印张:**12.5　**字数:**180 千
**书　　号:**ISBN 978-7-113-30000-5
**定　　价:**69.00 元

---

# 前 言

每个不起眼的职场新人，都拥有自己的高光时刻

**本书写作缘起**

早上 9：00，你如约来到某栋高楼，准备参加一场面试。

这里的电梯上上下下，人们来来往往。你穿着昨天刚买的西装，鞋子没有想象中合脚。等待电梯的过程中，你反复思考：

“一会儿进去了，怎么跟 HR 打招呼呢？”

“不知道会不会用英语面试？”

“遇到答不上来的问题，该怎么办？”

你局促不安，头脑一片空白。昨天提前准备的答案，此刻好像丝毫回想不起来。

这就是 6 年前，刚毕业的我面试时的真实场景。由于大幅度转行，投出近 100 份简历没有回应。和那些早早在名企实习的同学相比，我没有瞩目的背景，也没有亮眼的经历。

但幸好，我还懂得“补习功课”。我开始找所有认识的同学帮忙，请他们帮我指出简历和面试中出现的问题，然后开启频繁面试模式，不管什么行业，只想获得操练的机会。有一段时间，我 3 个月内面试了近 200 家公司。

造成的直接结果是：我整理了一套面试方法，将其称为“高光面试法”。

高光面试法，是基于求职者现有背景和特征，通过讲好细节化故事、给雇主VIP待遇、短期创造类似经历，以及积累关键资源的方法，给面试官快速创造极其深刻的印象，从而拿下心仪岗位，就像给自己的眼睛或鼻子的一些细节打上高光，让自己的关键能力被看见、被珍视。

通过这套方法，我拿下了欧莱雅、路易·威登、《红秀》等知名企业及机构的Offer（录取通知书），也让我获得了很多意想不到的人生机会：收到字节跳动的入职邀请，成为知乎KOL（关键意见领袖）中的一员，参与大型直播，变身喜剧编剧，为大型企业拍摄抖音自制剧……

《红秀》创意总监邓刊和我交流过关于纸媒衰落的看法；国家一级面点师兼抖音"网红"朱厘米念过我写的绕口令；《新世相》想了解我对年轻人做副业的态度；阿里战略运营专家跟我请教如何"自我包装"。

正是由于以上原因，我创作了这本书，希望通过高光面试法帮助职场新人突破自身背景限制，进入心仪公司。

**本书特色**

本书最大的特色就是实战性强。通过高光面试法，你能学会用"能力"说话，而不是受限于背景和经历。

在我成为领英认证招聘官、成立"小丁咨询"品牌后，用这套方法服务的1 000多位求职者，大多都通过短期训练找到了心仪工作。我曾助力某知名媒体平台副总监成功转行风投行业，也曾帮助没有相关经验的新人进入500强外企。

没有名企背景，也能留下鲜明印象。

没有相关经验，也能击败竞争对手。

被面试官拒绝，也能成功营销自己。

没有管理经验,也能踏上管理岗位。

**读者对象及收获**

这本书对于刚刚踏入职场的新人,可以迅速帮助你打破没有相关工作经验的困局,找到心仪的工作;对于转行或者转岗人士,可以帮助你在现有的经历中,发掘面试新工作的突破口;对于没有名企背景,但想要入职名企的朋友们,可以帮助你快速找到自己的优势,在优秀的竞争对手中脱颖而出。

在这本书中,你会有如下收获:

1. 我最真实的面试经历,包括真实对话、真实场景、真实结果。每一章,我还特别为你安排了思考题,帮助你记忆。

2. 我做职场辅导这些年,总结的求职者常踩的“雷区”。

3. 高光面试法在其他场景的运用,比如谈涨薪和谈合作等场景。

但最重要的是,你会收获这样一种“高光心法”:当我们真正接纳自己的特点的时候,它就会变成我们的优势。

4. 部分思考题,附赠视频讲解过程,即扫即看,希望可以给到大家不一样的思路(也可通过访问 http://www.m.crphdm.com/2023/0306/14553.shtml 查看视频内容)。

5. 如阅读本书后有问题想与作者交流,可在书封作者介绍处添加作者微信,添加好友时务必备注“高光面试法”,好友申请在 7 个工作日内通过。

**致谢**

首先,我要感谢在我毕业初期,无私帮助我指出面试问题的同学与朋友,是你们给了我启发,催生了高光面试法的诞生。

我还要感谢每一位我辅导过的学员,你们也是我的“老师”,是你们真实的经历和反馈,给了我丰富的灵感,让我不断完善高光面试法的内容。

此外,我还要感谢这本书的编辑,她提出了无数宝贵的创作建议,帮助我把经历转变成系统的方法论,更有助于读者吸收和消化。

丁晨琦

2022 年 12 月

# 目 录

面试就像“治病”,病人的手断了,和你凭借丰富的经验治好了多少牙齿没有关系。好的求职者懂得给每一家公司 VIP 待遇。



找到和你目标岗位类似的“实验项目”,快速尝试取得成果,你就能说服面试官。

面试不是打扑克,而是玩 UNO 游戏,你可以不断积累新的牌,并利用这些新牌出奇制胜。

# 第1章 高光面试法是什么

在我开展求职辅导的过程中，最常被学员问到的一个问题是：

“面试中每个问题我都回答得不错，为什么最终没有被录取？”

可以说，这个问题非常具有代表性，因为它反映了人们对面试的一个普遍误解，那就是：面试是对答题水平的一种测试，只要回答好问题，就可以通过面试。

那为什么这样的理解是错误的？那就要从面试的本质说起了。

## 1.1 面试不是被动答题，而是主动呈现亮点

面试，是企业通过设置一系列问题的方式，考查求职者的综合水平，从而为企业筛选合适人才的一种测试。它的核心是“筛选合适”，这主要包括以下三方面的意义。

第一，筛选意味着竞争。这意味着有大量的求职者与你的经历是高度相似的。如果只是按照简历上的经历，按部就班地回答问题，没有亮点，那很可能被淹没在大量的竞争者中。

第二，面试是对求职者综合水平的考量。这意味着答题只是一种

形式，其最终目的还是考查你是否拥有这个岗位的能力。所以，只有主动掌握面试的节奏，提供企业需要的信息，才能获得面试的成功。

第三，"呈现"的形式也很重要。因为一场面试的时间有限，如果将自己的经历全盘托出，那很可能让面试官迷失在信息的海洋中，无法真正判断你是否合适。因此，你需要斟酌呈现的形式，让面试官留下深刻印象。

可以说，"主动呈现亮点"这几个字几乎概括了应对面试最重要的技巧。既然主动呈现亮点这么重要，那具体我们应该怎么做呢？这里，就要引出"高光面试法"这个概念了，也就是这本书要探讨的重点。

## 1.2 高光面试法，是主动呈现亮点的系统方法

高光面试法是我根据大量面试实战，以及面试辅导的经验，总结出的一套系统方法。它的主要目的是帮助求职者主动掌握面试节奏，通过合适的方法，呈现出与岗位匹配的相关亮点。

下面，我想通过一个例子，帮助大家快速理解什么是主动呈现亮点。

在面试时，我们最常被问到的一个问题就是："请你做个自我介绍吧。"

很多求职者的答案仿佛出自一个模板：

"我叫××，毕业于××大学。在大学期间，我参加过×个社团，担任过××活动的志愿者。工作之后，我一共经历过×家公司，分别担任××，××和××。"

这样的面试介绍看似没有大问题，但它没有回答一个核心问题，那就是：为什么企业要聘请你？比如，我是某公司的HR（人力资源），要招聘一名运营专员，那你大学时参加社团，担任志愿者，究竟与运营有什么关系？

所以，通常我会建议我的学员在面试前仔细阅读岗位需求（见下图），然后针对性地进行自我介绍。

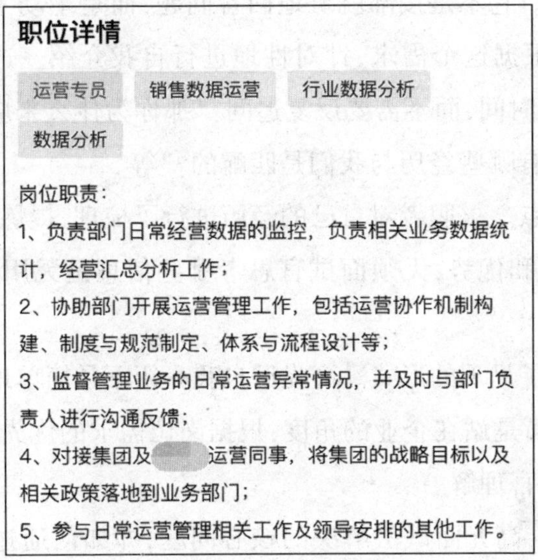
**职位详情**

运营专员　销售数据运营　行业数据分析　数据分析

岗位职责：

1、负责部门日常经营数据的监控，负责相关业务数据统计，经营汇总分析工作；

2、协助部门开展运营管理工作，包括运营协作机制构建、制度与规范制定、体系与流程设计等；

3、监督管理业务的日常运营异常情况，并及时与部门负责人进行沟通反馈；

4、对接集团及[illegible]运营同事，将集团的战略目标以及相关政策落地到业务部门；

5、参与日常运营管理相关工作及领导安排的其他工作。

某运营岗位需求

比如下面这张图中，高光前和高光后（即用高光面试法）的自我介绍对比：

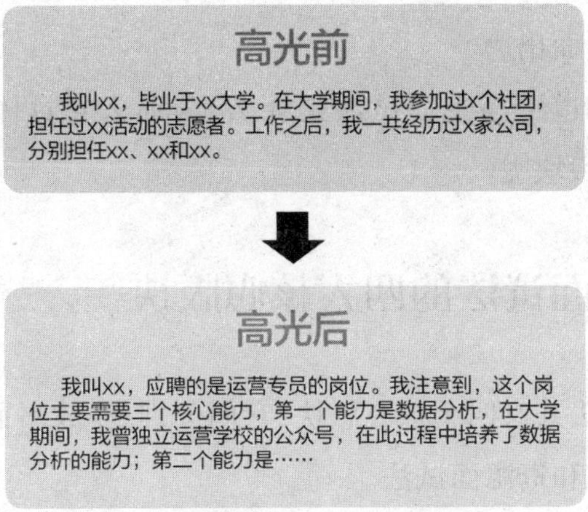


普通自我介绍与高光自我介绍对比

通过上面的对比,你会有什么样的感觉呢？这样自我介绍有什么好处呢？

(1)主动。它不是按部就班地回答问题,而是主动了解企业的招聘需求,然后根据这个需求,针对性地进行自我介绍。这样就能为面试官节省大量时间,而不需要反复追问:“那你为什么来应聘这个岗位呢？”“你之前有哪些经历与我们是匹配的？”等。

(2)有亮点。求职者对自己的经历进行了梳理、提炼,提炼出和岗位相关的经历和优势,无须面试官思考哪些信息是无用的,哪些信息是有用的。

(3)优化了呈现的形式。高光后自我介绍不是简单地根据时间顺序进行展开,而是站在企业的角度,根据岗位需求的优先级进行展开,更有助于面试官理解。

总而言之,高光面试法解决的核心问题,即如何通过主动呈现亮点的方法,在面试中脱颖而出。(注:“高光”原本是美学中的一个概念,后来被沿用到美妆领域,表示对五官的某些部分进行提亮,从而达到突出优势的效果。化妆时,如果对全脸都进行提亮,那就会让整张脸都没有重点。而面试也是一样,只有针对性地“提亮”与岗位相关的优势,才能脱颖而出。)

现在,你知道了高光面试法是什么了,那么它具体如何操作呢？又有哪些核心版块呢？

## 1.3 高光面试法的四大核心版块

高光面试法共有四个核心版块,它们分别是:故事面试法、VIP 法则、案例面试法和资源面试法。

我这里总结了一套口诀来帮助大家理解和记忆,那就是:“通过故事强化经历,通过定制强调匹配,通过案例突出能力,通过资源放大潜力。”

为什么是这四大版块呢？下面，我会根据这四句口诀来逐一展开进行解释。

### 1. 通过故事强化经历

面试官既然已经收到了你的简历，也了解了你的相关经历，那为什么还要邀请你去面试呢？答案就是：他不了解你与工作相关的其他信息，比如：你为什么要来应聘这家公司？除了简历上展现的能力外，你还有哪些潜力？你能否很好地应对压力？等等。这些信息，就是你相对于这个岗位的综合素质，它无法通过简单的数据、文字的描述来展现。那怎么办呢？

其实，可以通过讲好几个故事的方式来强化自己的经历，从而让面试官了解到一个立体的你。也就是这里说的“故事面试法”。

故事面试法主要解决的问题是：遗忘。也就是说，它可以让面试官在短时间内对你产生深刻印象，避免泛泛而谈导致的印象模糊。

### 2. 通过定制强调匹配

在仔细了解你的经历之后，面试官需要判断你是否适合这个岗位，也就是你的匹配度。但就算是再相似的岗位，也会有不同的地方。如何证明你比其他的求职者更加匹配呢？

这里建议，把每个企业都当作你的 VIP，从他们的角度来定制化地展示自己。具体包括定制自我介绍、定制简历、定制工作计划等，即 VIP 法则。

VIP 法则主要解决的问题是匹配度，即突破背景的局限，让关键的能力被看见。这尤其适合职场新人以及转行人士。

### 3. 通过案例突出能力

故事面试法和 VIP 法则虽然可以基于我们的经历，最大程度优化你的岗位匹配度,但如果遇到一个全新的岗位,与你之前的工作内容完全不同,怎么办呢?

这里建议,通过短期内尝试一个与目标岗位类似的项目,积累一定经验,从而说服面试官你可以胜任,即"案例面试法"。

案例面试法主要解决的问题是:没有相关经历,但想应聘相关岗位。它面向的人群是:应届生、跨行业人士,以及体制内人士跳槽到体制外或体制外人士跳槽到体制内的情况。

4. 通过资源突出潜力

在经历、匹配度和能力都差不多的情况下,如何战胜其他竞争者,从而取得最终的胜利呢?

这里建议:通过打造个性名片、构建社交阵地、升级专业背书、强化个人 IP 等方式,为自己创造更多资源,从而增加自己的竞争力,即"资源面试法"。

资源面试法主要解决的问题是:在背景差不多的情况下,如何最大限度地突出自己的潜力。

下面,我会根据以上四个版块一一展开。不过,在这之前,我想澄清一个对"高光面试法"常见的误解。

## 1.4 高光面试法不是过度包装

在我讲解高光面试法的过程中,有时会遭遇一些误解,比如有人会说:

"教人面试,不就是教人说谎吗?"

在他的眼中,主动呈现亮点,就是为了获得面试的成功而主动去"捏造"一些不属于自己的亮点。这实在是天大的误解。

在我看来,高光面试法不但不是说谎,而且是极力通过诚实的方式去获得面试的成功。因为高光面试法的一个核心思想就是:“当你真正接纳自己的特点时,它就会变成你的优势。”

这里,我想举一个小小的例子来说明高光面试法和过度包装的区别。

在我担任面试官的生涯中,经常会遇到这样一种求职者,通过强调自己下属人数的方式,来证明自己的能力。比如有一次,我面试一位运营经理,他说之前管理过一个八人团队。

于是我问:“那这八个下属分别有什么特点,你都是如何管理他们的?”

结果,他支支吾吾答不上来。这样的情况就会让我对他的诚信产生怀疑。

这就是过度包装可能会带来的问题。你无法说出相关的细节,因此可能无法应对面试官的追问。

而高光面试法是尽可能在自己特点的基础上制造优势。比如,我有一位学员想要应聘采购经理的岗位,但来应聘之前她没有任何管理岗位的经历,我就建议她使用故事面试法,详细地描述自己在经理突然离职的情况下,临时管理团队的经历。结果,这段真实的经历,反而让她战胜了其他竞争者被公司录取,因为面试官发现她具有“随机应变”这个特点。

听完这个案例,相信你对高光面试法已经有了更深的理解。下面,让我们通过思考题来复习一下本章的重点吧!

## 思考题

1. 如果面试官问你在某个职位上有没有相关经历,但你没有,该如何回答呢?请结合“主动呈现亮点”的原则进行思考。

2. 如果你要应聘一个热门岗位,面试官告诉你前来竞争的都是“海归”、高学历人士,以及有相关经验者,并问你与他们相比有什么优势,请结合“在自己特点的基础上发掘优势”的方法进行思考。

# 第2章 好的面试，要讲好几个故事

从这章开始,我们就要进入高光面试法的第一个重要版块的学习了,那就是故事面试法。在这一章中,我会和你聊聊故事面试法是什么,为什么它如此重要,以及它的八种展开形式。本章还会提供一些具体的案例以及方法论,帮助你更好地掌握故事面试法。首先,让我们进入第一个环节的学习:故事面试法是什么。

## 2.1　故事面试法是什么

故事面试法是针对提升面试官兴趣而归纳出的一种独特方法。它的核心要义是:在短时间内,通过故事调动面试官的全部情绪,从而对应聘者产生深刻的印象。

我刚毕业参加面试时,回答面试官的问题常常很空洞。请看下图中的对话:

后来,我发现,如果在面试中加入一些故事,就能让面试官迅速产生兴趣。

比如,在应聘文案工作的时候,我会说:"我的文字,曾经让一个快

刚毕业时我的自我介绍

要睡着的老师瞬间打起了精神。”

在应聘财务工作的时候，我会说：“我很细心，有一次，我作为人事部门实习生帮财务部门检查报表时，看出了几个财务部经理也没发现的错误。”

在应聘时尚杂志编辑工作的时候，我会说：“我很擅长争取资源，有一次，我靠着谈判技巧，没花一分钱就跟活动商争取到了演唱会门票。”

通过故事面试法，我顺利争取到很多顶级快消公司、互联网名企、知名外企的 Offer。甚至有位面试官对我说：“我们面试了 99 个人，见到你就知道整个面试环节终于要结束了。”后来，我开始为很多学员进行职场辅导，他们也通过故事面试法取得了不错的成绩。

那么，为什么故事面试法这么有效呢？这就要从面试的特点说起了。

### 2.1.1　面试，是一场与遗忘的战争

如果你参加过很多场结构化面试，就会发现，很多问题都是高度雷同的：

“请自我介绍一下。

“请问你最大的优势是什么？

“请问你的缺点是什么？

“请问你为什么从上一家公司离职？

“还有什么问题要问我吗？”

……

这就意味着，面试官每天都要听到很多次相似的回答。比如一些大型公司的招聘，对于“你最大的优势是什么？”这个问题，面试官每天至少就要听到十多次这样的回答：

“我的优势是擅长学习”“我的优势是细心”“我的优势是擅长与人沟通”。

高度相似的回答带来的必然结果是什么？那就是：遗忘。

其实面试官都有“健忘症”，如果你无法让他在 3 分钟内记住你，他就会自动把你放入“平平无奇”名单。

但如果你准备了一些与众不同的回答呢？比如：“我最大的优点就是过目不忘”“我特别擅长珠心算”，听到这些特别的回答，面试官可能会对你产生深刻的印象，但这和目标岗位却没什么关系。

那么，如何通过短时间的准备，既给面试官创造深刻的印象，同时又能证明你适合目标岗位呢？

### 2.1.2 故事，是治愈面试官遗忘的良药

在我的职场辅导班上，我常常会指导学员通过 SB7 框架来说自己的面试故事，那就是：

“一个人，遇到一个问题，碰到一位向导，制订一个计划，开始采取行动，最终产生了什么好的结果，避免了什么坏的结果。”

这个框架是由美国品牌作家唐纳德·米勒（Donald Miller）在他的畅销书《你的顾客需要一个好故事》（*Building a Story Brand*）中首次提出的，主要为了帮助企业通过讲好品牌故事的方法，获得客户的信赖。

在我看来，面试就相当于是一次展现自己个人品牌的机会，因此，我也会建议求职者使用 SB7 框架。

比如，在回答"你应聘这个岗位最大的优势是什么"时，求职者就可以使用这个框架来回答：

"我最大的优点是擅长换位思考。有一次，我作为一个新人被派去协调一个生产纠纷。当时，技术部的同事和工厂产生了矛盾（问题）。在现场，我突然想起以前领导说的换位思考的重要性（向导），于是我决定通过自己的跨学科背景协调纠纷（计划），通过一小时的沟通（行动），我顺利解决了纠纷（好的结果），避免了矛盾再一次扩大（坏的结果）。"

使用故事的好处是什么呢？在我看来主要有以下三点：

1. 故事，能在短时间内调动面试官的情绪

故事中往往包含起因、经过、结果，这就能让面试官的情绪跟着你的故事起伏。有些故事还会包含一些细节，这就能进一步放大故事的感染力。

有人可能会说："面试时间这么短，面试官哪有耐心听你讲故事？"

这就是对故事面试法的误解了。故事面试法的要义是通过几句简单的话，快速引起面试官的兴趣，让他顺着你的思路往下走，比如我会建议求职者这样说：

"我特别擅长跨部门沟通，有一次甚至争取到隔壁部门总监的支持。关于这个故事，如果您有兴趣，我一会儿详说。"

这样的回答不仅不会让面试官厌烦，相反还调动了他的情绪和好奇心。

2. 故事，能化被动为主动

面试中，常常会出现应聘者被面试官的问题带着走的情况，比如

面试官问："你为什么觉得自己擅长广告？"求职者回答："因为我特别有创意。"面试官又问："那你有接触过食品类广告的策划吗？"求职者回答："没有。"这样就渐渐把面试引入了"死胡同"。

但如果应聘者通过讲一个故事的方式来回答，结果可能就会不同。比如他可以说："我觉得自己特别有创意，有一次，我在社交媒体上对一家餐馆进行了评价，还对它们的几个核心菜品提供了宣传创意。后来，这家公司运用了我的创意，还特意向我表达了感谢。"通过讲好一个有说服力的故事，可以掌握面试的主动权。

3. 故事，能向面试官展现一个鲜活的你

简历上展现的你是相对平面的，只包含你的背景和经历，但对于一些更加复杂的因素却无法展现。比如：

"你为什么要应聘这个岗位？

"作为一个教师，为什么会对杂志社编辑的岗位感兴趣？

"如果需要你出具一个不同行业的策划案，你能做到吗？

"这个项目压力这么大，你究竟是怎么坚持下来的？"

而回答这些问题的一个好方法，就是讲好故事，通过故事去展现你的初心、你的思考、你的信仰、你的潜力。

只有一个有故事并且鲜活的个体，才能引起面试官的兴趣。而兴趣，正是治愈遗忘的良药。

### 2.1.3 一场好的面试，要讲好哪几种故事

一般而言，一场面试需要讲好八种故事，可以用一套口诀来概括，那就是"描绘初心，挖掘潜力，证明能力，体现胜任，强化特点，打磨优势，刻画细节，解决压力"。具体操作起来，可能不需要在一场面试中把这八种故事都提到，但提前准备能让你灵活应对面试官的提问。

第一种故事是初心故事，回答的是你为什么要做这个行业，为什

么应聘这个岗位。这能帮助面试官了解你是否稳定,遇到困难会不会轻易退缩。

第二种故事是潜力故事,回答的是你是否具备灵活适应的潜力。世界上没有两个岗位是完全相同的,而潜力可以帮助你快速上手新岗位,取得突破。

第三种故事是能力故事,展现的是你在真实工作状态下的能力。简历上文字和数据不足以证明你会在新岗位表现出色,但好的故事或许可以。

第四种故事是胜任故事,体现的是你面对责任时的反应。一个能力强的人不一定能胜任岗位,但一个责任心强的人会不断创造胜任的可能。

第五种故事是特点故事,体现的是你与目标岗位相关的特点,以给面试官留下深刻的印象。

第六种故事是优势故事,展现你独一无二的长板,从而击败其他竞争者。

第七种故事是细节故事,通过细节加深面试官对你的印象,调动他的情绪。

第八种故事是压力故事,体现你面对压力时的反应,从而让面试官了解一个更加真实的你。

下面,我就会根据这八种故事形式一一展开进行讲解,以帮助你理解、熟悉、掌握面试时的讲故事技巧。

## 思考题

1. 如果你没有担任管理者的经验,却要应聘管理者的岗位,当面试官问你:“如果下属不服你怎么办”时,你会如何回答?请结合“化被动为主动”进行思考。

2. 如果面试官问你："你现在要接手一项新工作，你没有任何经验，会如何入手？"你如何回答？请结合 SB7 框架进行思考。

扫码看视频

## 2.2 故事面试法的八种展开形式

经过前文的讲述我们已经了解到，故事面试法有八种展开形式：初心故事、潜力故事、能力故事、胜任故事、特点故事、优势故事、细节故事、压力故事。下面，我们就进入第一种形式的学习：初心故事。

### 2.2.1 初心故事：告诉面试官你为什么来

在收到求职者的简历之后，用人单位对求职者的基本经历已经有了一定的了解，也知道求职者有应聘岗位的意愿，但对于一些具体的问题还是会有一些疑惑。比如：

"你为什么投递了这个岗位？

"你想尝试这个行业，是出于慎重的考虑，还是心血来潮？

"遇到困难你会轻易退缩吗？"

要想回答这些问题，用人单位就需要了解求职者应聘的动机是什么，也就是"初心"。

1. 初心，是坚定选择的原因

一般而言，面试官会通过这样几个问题来了解求职者的初心：

"你之前没有××的经验，为什么会想来应聘××的岗位呢？

"你的职业规划是什么？

"如果这个岗位和你的期待不符，你会怎么办？"

这些问题主要是为了了解求职者的稳定性。因为，如果一个求职者应聘一个岗位是经过深思熟虑，他就不会轻易因为困难而放弃，或者离职。

这里，我想通过一个小故事来说明，对企业来说，了解求职者的初心有多么重要。

我曾经面试过一位运营经理，她原本的工作是负责一些企业微信号的运营项目，却投递了我们公司抖音号运营的岗位。当时我们的对话如下：

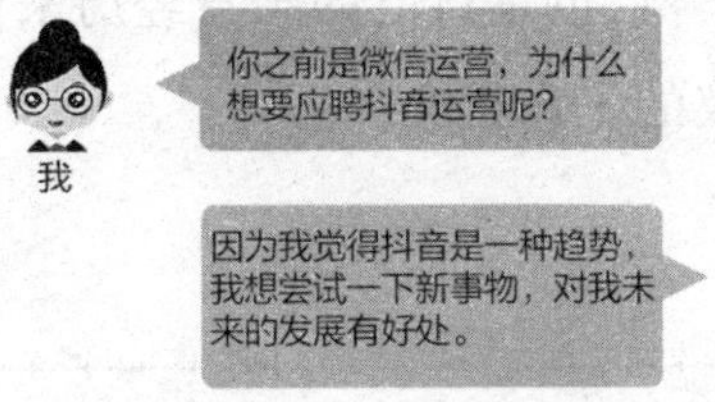


我与求职运营经理的对话

当时，我对她的回答并不满意，因为她本身并不了解企业抖音号的运营，也没有在回答中展现出自己在未来的努力。但由于当时人手短缺，我最终还是将她录取了。因为该项工作需要频繁监测视频数据，工作比较单调，在她入职的一个星期后，干脆不打一声招呼就退出了客户群，提了离职。她的这个举动差点遭到客户的投诉。

对于企业来说，了解求职者的初心，对于判断他是否坚定选择岗位是非常重要的。

2. 初心故事，帮你获得面试官的信赖

那既然了解初心对企业来说如此重要，作为求职者，我们应该如何讲好初心故事呢?

总的来说，好的初心故事会解答两个问题：为什么是我（Why me），为什么是你（Why you）。

为什么是我：我作为一名求职者，是出于什么原因加入了这个行业？又是因为什么原因应聘了这个岗位？我需要通过自身的经历告诉面试官,为什么我是最合适的人选。

为什么是你:你作为一家公司,对我来说意味着什么?你的哪些精神和文化打动了我?我需要通过故事来告诉面试官,选择这个岗位是出于谨慎选择,而非一时脑热。

回答好这两个问题,就能帮助你解除面试官的顾虑,从而获得信赖。

下面,我通过一个案例,也是自己的亲身经历来讲解,如何通过讲好初心故事,争取到心仪的工作机会。

**案例**

### 我如何通过讲好初心故事入职知名房企

“你没有相关的工作经历,怎么证明你能做到呢?”

这是毕业第一年,我被面试官问过最多的问题。

彼时,我拿着某知名卫浴公司财务部的实习经历,四处应聘着创意文案的工作。因为我确信:用文字的力量激励他人,才是我真正想做的事。我去应聘过报社、杂志社、广告公司。但每次得到的回答都大同小异:没经验,不考虑。

在第 99 次被拒绝后,不知是不是命运的眷顾,我突然收到了一份全国知名房企的面试邀约。岗位在内宣部,负责企业报道的撰写,挖掘全国一万多名经纪人的高光瞬间。

我欣喜若狂:用写作鼓励他人,不正是我一直想做的事情吗?问题是,他们能相信我吗?

我快速读了一遍岗位描述(见下图),开始思考应对策略:

虽然没有文案经验,但靠文字传递力量,却是我的初心。

首先,为什么是我?

我想起在我上大学时,在豆瓣上写文章教宅男如何与女生交往,

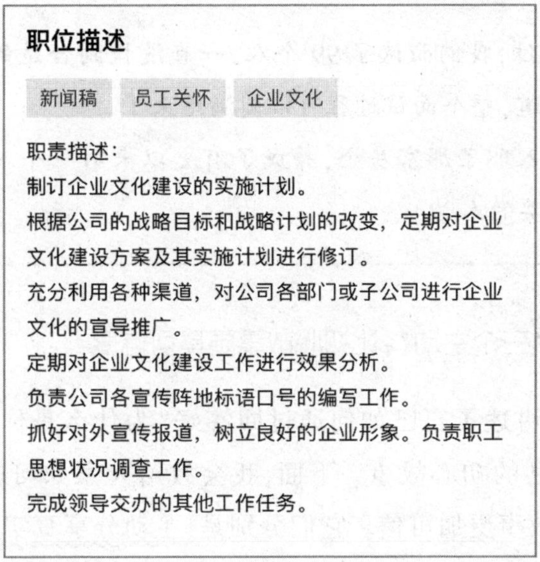

职位描述

新闻稿 员工关怀 企业文化

职责描述：
制订企业文化建设的实施计划。
根据公司的战略目标和战略计划的改变，定期对企业文化建设方案及其实施计划进行修订。
充分利用各种渠道，对公司各部门或子公司进行企业文化的宣导推广。
定期对企业文化建设工作进行效果分析。
负责公司各宣传阵地标语口号的编写工作。
抓好对外宣传报道，树立良好的企业形象。负责职工思想状况调查工作。
完成领导交办的其他工作任务。

该房企内宣岗位描述

短短几天就聚集了十多万人气。在文章中，我告诉他们：

“你不需要完美，也能得到爱。因为在有缺点的人面前，我们才能坦然地承认自己的脆弱和不完美。”

“敢做自己才是真的牛。你也许有点社恐，有点呆，但很靠谱，敢负责。这样真实的你，让人很有安全感。”

有人专门留言来感激我，说因为读了我的文字振作了起来。我突然想到：如果我把“用文字激励他人”的初心告诉面试官，他是不是就能相信我的能力？

第二，为什么是你？

我曾在网上看到过这家企业的一则宣传视频：视频中的经纪人为了了解区域内所有楼盘的真实情况，一个月内跑坏了三双鞋。这个视频内容让我久久难忘。我相信，这样一个崇尚敬业精神的公司，会是我理想的奋斗土壤。

于是，三天后，我在面试现场对面试官讲了这两个故事。面试官当时跟我说：

“这个岗位，我们面试了 99 个人，一直没找到合适的。但今天遇到你，我就知道，整个面试过程可以圆满结束了。”

后来，我入职了那家房企，并成了有史以来第一个入职第三周就获得 CEO 嘉奖的人。

3. 用好“三个主动”，让初心故事更具可信度

上面，我讲述了自己如何通过回答好“为什么是你”“为什么是我”，讲好自己的初心故事。下面，我会教给大家如何通过“三个主动”，让初心故事更加可信。它们分别是：主动分享真实，主动解答疑惑，主动提及困难。

（1）主动分享真实。

求职者需要主动提供与初心有关的真实信息，来打消面试官的疑虑。比如我的一位学员小建想要应聘军队文职的岗位，他在自我介绍版块是这么说的：“因为我的爷爷是军人，所以我从小就有当军人的梦想。”当时，这个理由并不能说服我，因为爷爷是军人和自己想当军人没有必然联系。后来在我的再三追问下，他才坦言，当年爷爷因为身体原因，最终没有被部队录取，这件事一直是他心头的遗憾，因此军人的梦想就在他心里暗暗扎下了根。于是我建议，主动把真实情况告诉面试官，以获得面试官的信赖。

（2）主动解答疑惑。

对于一些面试官可能会疑惑的点，求职者可以主动提出来并解答，帮助他更加了解自己。还以小建为例，他之前是一名游戏名企的运营，面试官肯定会好奇，为什么他放弃了名企的工作，要到部队担任文职工作。为了解除面试官的误解，他可以主动这样说：“您一定好奇为什么我要从游戏公司转到部队工作吧？其实，在游戏公司的时候，

我为了让用户留存的时间更长，经常需要设计一些鼓励时间投入的运营机制，但我内心却觉得，这对青少年的成长不利。所以，我想投身到为祖国发展作出更多贡献的岗位。”

(3)主动提及困难。

此外，求职者还需要主动提及工作中可能会面临的困难，让面试官对求职者的初心更加确信。比如军队的环境相对名企是比较封闭的，面试官肯定会担心小建来了以后不能适应，那么小建可以主动对面试官这样说：“我知道军队的生活环境肯定是比较艰苦的，但我在来之前已经做好了思想准备。大学实习期间时，我就曾经到山区参与支教，在我看来，那里的生活环境虽然苦，却对我的成长很有意义。”

用好这“三个主动”，能打破面试中的信息不对称，从而更好地描绘自己的初心。下一小节，我会跟大家聊聊，如何讲好面试中的“潜力故事”。

### 思考题

1. 如果你想转行，面试官想了解你转行的真实原因时，你会如何回答？请结合“为什么是你、为什么是我”进行思考。

2. 如果你新应聘的岗位工资低于你原来的工资，如何让面试官相信你是坚定选择这个岗位呢？请结合“三个主动”进行思考。

## 2.2.2 潜力故事：证明另一种可能

当求职者应聘一份与自己之前背景相差较大的工作时，往往会犯这样一个错误：他们会滔滔不绝地讲述之前的经历、个人背景、兴趣爱好等，期望面试官能慧眼识珠，从他们的叙述中挖掘出自己可以胜任岗位的潜力。但最终，他们往往不能如愿，一周过去了，两周过去了，他们始终没有接到邀请他们入职的电话。到底是哪个环节出了问题呢？

1. 潜力需要被翻译

曾有位因创业失败想要转行编剧的 30 岁人士来向我咨询,自己面试了 30 多家影视公司,为什么没有回应。当时我们的对话如下:

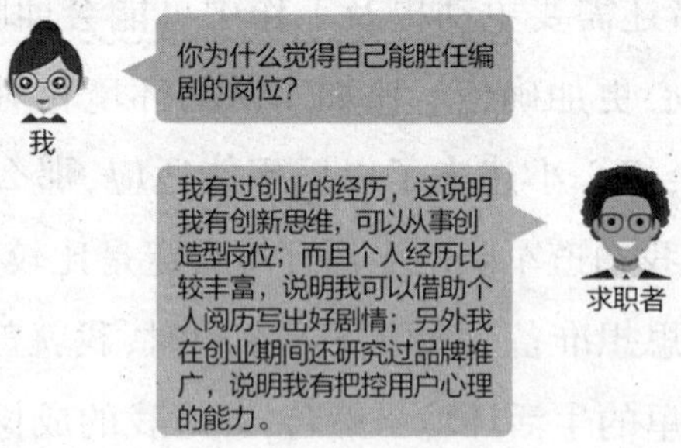


我与该转行人士的对话

当我问他:"那你有研究过编剧的岗位具体是做什么的吗?能不能说出大概的工作场景?"他却无法回答。

这就是很多求职者无法通过面试的原因:他们无法把自己的潜力翻译成面试官可以理解的语言。

一般而言,面试官无法意识到求职者的潜力,主要有以下三个原因:

(1)背景差异。面试官的工作背景与求职者存在差异,这就意味着他们无法从单纯的叙述中,快速还原出求职者的工作场景,比如创业有哪些场景,具体需要做哪些事,和编剧有哪些相似之处等。

(2)"找现成"思维。相比于寻找可能胜任的求职者,企业更倾向于寻找有现成经验的人士,他们可以更快速上手。因此,面试官不会费尽心机挖掘求职者的潜力。

(3)专业顾虑。俗话说"隔行如隔山"。岗位与岗位之间有很大的区别,因此面试官会担心跨行业求职者的专业性不足。

针对这三点,我提出的解决方案是:说好潜力故事,将潜力翻译成面试官可以理解的语言。

2. 潜力故事，让实力被看见

如何讲好潜力故事？这里，我建议使用“场景还原法”。

所谓场景还原法，是指求职者通过阅读岗位介绍与其他信息，还原出目标岗位的真实工作场景，然后通过代入自身故事匹配场景，从而讲好具有某种潜力的方法。这样做主要有以下三点好处：

(1)弥补背景差异。通过故事，面试官可以直观地了解到求职者的工作内容，并发现与目标岗位的相似之处。

(2)直观展现经验。在故事中，面试官可以快速感知到求职者的工作能力，避免因为求职者缺乏经验而被拒绝。

(3)体现专业。故事还可以体现求职者对目标岗位的专业理解，让面试官对求职者的专业性产生信赖。

下面，我通过分享一个关于自己的故事来说明如何讲好潜力故事，以获得顶尖时尚杂志社的工作机会。

**案例**

**通过潜力故事，我得到了顶尖时尚杂志创意总监的认可**

大学快毕业那会儿，我十分羡慕时尚行业的工作。那些拎着名牌包包、衣着光鲜、出入豪华写字楼的时尚编辑，对我有着别样的吸引力。但有一个问题：那时的我，对时尚趋势并不了解，穿着也很不时尚。这样的我，怎么才能应聘上时尚编辑的岗位呢？

没想到，投了几份简历之后，居然真的有一家公司邀约我去面试，那就是《红秀》！而且，在面试邮件中我还得知，面试我的将会是我很喜欢的一本时尚杂志的创意总监：邓刊。于是我很兴奋地马上给我认识的最时尚的人——一位在4A广告公司工作的大学同学打了个电话，问她：“我马上要去时尚杂志社面试了，你说我穿什么衣服比较合适呢?"

她回答我,如果平时没什么时尚感的话,面试时千万不要穿造型夸张的衣服,这样反而会弄巧成拙。

她的话让我彻底回归了理智。我想:对方之所以选中了我的简历,一定是看重我的潜力。我只要讲好自己的"潜力故事"就可以了。下图为应聘岗位的职位描述。

**职位描述**

职责描述:

1. 协助主编的日常工作，如活动对接，差旅行程安排等;
2. 协助团队重要活动及拍摄;
3 .日常编辑部内容视频预算汇总及报告等;
4. 完成上级领导交代的其他工作。

任职要求:

1.本科以上相关学历，英文专业优先;
2.1年以上同行业相关工作经验，有媒体行业经验优先;
3.有行政工作经验，优秀的英语口语和写作能力;
4.熟练掌握Office（Word/Excel/PPT）、特别是PPT& Excel;
5.工作认真、细致，有责任心，良好的沟通能力和统筹能力;
6.性格开朗有活力，反应灵敏，具有良好的组织协调能力和团队精神。

该时尚杂志编辑岗位描述

我打算通过三个步骤来讲自己的潜力故事:第一,还原出杂志社编辑的工作场景;第二,代入自己的故事,展现出自己的潜力;第三,通过了解杂志社工作细节,体现自己的专业度。

面试当天,创意总监邓刊问我的第一个问题是:"你之前没有时尚行业的工作经历,怎么快速上手呢?"

基于我对岗位需求的理解,我先还原了一下一个编辑的工作场景:

“据我了解,杂志社编辑的主要工作步骤是:了解杂志框架,确定选题,争取相关资源,撰写稿件。”

随后,我讲了两个故事,来体现我“了解框架”以及“争取资源”的能力。

第一个故事是:我来之前已经把杂志社整体的框架完整地背诵了一遍。为了增加可信度,我还补充了一个细节:“我对其中一篇描述海滩穿着的文字印象非常深刻,里面写道,‘真正的时尚人士从来不会只有一套比基尼,而是下海有一套,休息有一套,晚会还有一套。’”

第二个故事是:我很擅长争取资源。大学时特别迷恋《好声音》这个节目,恰好一个通信公司来我们学校做活动,推出办理 Wi-Fi 套餐送《好声音》门票的活动。我非常想要门票,但不需要办理 Wi-Fi 业务,于是我就动用了我的演说技巧,没花一分钱拿到了该门票。

听完这两个故事,邓刊露出赞赏的微笑,转而又问了我一个很灵魂的问题:“你怎么看待纸媒的衰落?”

这时候,我展现了自己对杂志社工作细节的了解。我告诉他,据我所知,在大型时尚杂志集团,纸媒运营与新媒体运营是两条分开的线路,而我面试的是纸媒线路。在我看来,虽然现在看纸媒的人越来越少了,但一部分追求品质的人,还是会买杂志来看。

为了给他留下深刻印象,我还描绘了这样一个场景:“比如我,会在一个阳光明媚的午后,去咖啡店坐一会儿,慵懒地捧起一本杂志,细细阅读。因为纸媒的优点在于完整、耐心地叙述一个故事,这是我在新媒体中无法获得的体验。”

最终,我拿到了该时尚杂志社的 Offer,虽然由于实习天数限制,我最后没有去该岗位工作,但这次成功的面试经历,还是让我意识到讲好“潜力故事”的重要性。

3. 场景还原三步法,打造可信的潜力故事

接下来,我会跟大家分享如何通过“场景还原三步法”,将自己的潜力翻译成面试官能理解的语言。这三个步骤分别是:还原真实场景,故事代入场景,细节体现专业。

(1)还原真实场景。

虽然我们可能没有目标岗位的具体工作经验,但我们还是可以通过三个方法来了解真实的工作场景:

第一种方法是:收集公司官方发布的信息。

公司官方发布信息的具体渠道包括官网、公众号、公关稿、求职平台的公司页面等。

这里,我想具体说说公众号和公关稿这两个渠道,它们是了解岗位细节的绝佳途径。比如现在很多大型集团,都会有招聘专用的公众号,里面会有员工分享自己的真实工作体验,求职者可以从这些体验中,推断出这个工作的大致内容。比如有一次,我的一位学员想要应聘一个与智能展会相关的岗位,我就建议她先去公司的公众号上寻找智能展会相关信息,然后阅读员工的工作分享内容。通过这个方法,她马上了解到普通展会可能有的痛点,以及智能展会如何解决这个痛点。后来在面试中,她详细地与面试官讲述了应该如何运用智能技术,营造“身临其境”的展会体验,给面试官留下了深刻的印象。

公关稿也是了解岗位的重要途径。比如有些公关稿中,会讲到工作的具体逻辑,这就能帮助求职者更好地还原出工作内容。有一次,我面试一家技术公司的策划岗时,看到了公关稿上有一张解释商业转化漏斗的图片,于是,我就根据漏斗的逻辑大致讲了一下策划的框架和要点,结果面试官非常惊喜,第二天就给我发了 Offer。

第二种方法是:向前辈或业内人士请教。

在校友圈、朋友圈中,很有可能有从事相关行业的人士,求职者可

以向他们请教这个工作的具体内容，主要包括：面向的对象是谁，有哪些难点，做好的关键是什么。

第三种方法是：参加相关课程的学习。

对于一些常见的岗位，比如广告策划、人力资源师等，市面上已经有相当多相关的课程，求职者可以通过学习了解这个岗位的具体内容。在选择课程时，建议选择权威专家的课程，他们在行业中浸润时间较长，视野也会更加广阔。

通过还原真实工作场景，我们可以推断出大致的工作步骤，根据这些步骤，求职者可以提取出一些核心能力，比如："数据分析能力""跨部门协调能力"等，然后针对性地讲好潜力故事。

(2)故事代入场景。

接下来，求职者需要提取过往经历中的亮点故事，把它们代入工作场景中。

比如，求职者曾经是一名策划，想要应聘运营的岗位，可以这样说：

"在我看来，运营需要的一项核心能力，就是对受众心理的了解。在过去的策划生涯中，我曾经通过三天快速的学习，了解新鲜零食这一细分行业，然后通过对用户心理的深刻理解获得提案的成功。我相信，这项能力也能帮我做好运营的工作。"

通过故事代入场景的方法，可以让面试官快速相信求职者有胜任的能力。

(3)细节体现专业。

在代入自身故事之后，面试官可能还会对求职者的专业性有所怀疑，因为求职者毕竟没有实操过，录用有一定的风险。

这时，求职者就可以通过提前了解专业细节的方式，打消面试官的顾虑。

比如，求职者在面试视频剪辑师的时候可以这样说：

“我了解到，剪辑师这个岗位最花费时间的部分是找素材，我平时有随手保存素材的习惯，还会建自己专门的素材库。我相信这个习惯可以帮助我优化工作效率。”

通过“场景还原三步法”，求职者可以让面试官了解自己的潜力，相信自己的潜力，认可自己的潜力。在下一小节，我会跟你聊聊，如何讲好面试中的“能力故事”。

### 思考题

1. 潜力和能力的差别是什么？为什么潜力更难被面试官感知？

2. 潜力故事对于晋升面试有没有帮助？如何在晋升面试中讲好潜力故事？请结合“还原真实场景，故事代入场景，细节体现专业”进行思考。

## 2.2.3 能力故事：展现具体工作实力

很多求职者会有这样的困惑：“我在简历上展现了优秀的能力，比如说自己写过10万+曝光量的文章，还带过30人的团队。为什么面试后没有被录取呢？”

这体现了很多求职者心理的一种误区：觉得用数字来展现能力就可以了，却忽略了面试官更注重能力能否在新岗位上灵活运用。那么，如何让面试官相信自己的实力呢？

### 1. 怎么做，比做到什么更重要

一般而言，面试官会从三个角度来评判求职者的能力：可复制、可落地和可评估。

（1）可复制：写过10万+曝光量的文章，以及带过30人的团队，都不能代表求职者在新岗位上定会表现出色，因为新岗位的行业、目标受众、公司环境都可能与之前不同。所以，更重要的是能力背后的思维模式。也就是说，当求职者遇到一个新问题时，会从什么角度入手，有没有可复制的思考方法。

（2）可落地：很多人会在面试时，大谈特谈自己过去的工作方法，但这样也会有一个问题，那就是面试官无法通过求职者的描述，判断他的方法能否在具体场景下发挥作用。比如，有一次，我在招聘抖音短视频导演时，一位求职者就与我大谈自己是如何在影片中运用悬念的，从知名电影案例，到广告金奖作品，但他却忽略了一件事：我面试的是短视频导演，比起巧妙的悬念铺陈，观众更在意导演能否简洁明了地表达主题。所以，方法能在具体场景下落地是很重要的。

（3）可评估：成果必须与目标相匹配，比如求职者运营一个教育行业的公众号，核心的衡量指标是多少学员通过公众号购买了课程，那求职者就不能把曝光量当作成果。求职者需要告诉面试官，自己清楚各阶段的目标，并能在相应的目标下发挥能力。

综上所述，体现自己是怎么做的，比做到什么更重要，因为这能表明求职者的能力是可复制、可落地、可评估的。

### 2. 能力故事，让实力可信服

针对面试官对能力“可复制、可落地、可评估”的需求，我建议通过三个步骤来提升能力的可信度，分别是：提炼观点、聚焦场景、匹配目标。

（1）提炼观点。

既然面试官更关注能力背后的思维模式，求职者可以借助对这个行业的认知和经验，总结出一些自己的观点，以获得面试官的认同。比如，求职者是一名房地产销售主管，面试官问他怎么保证自己的业绩在新公司依旧出色，他可以说：“我觉得，作为一名地产管理人员，提升整体业绩比提升个人业绩更重要。因此，我经常会向下属‘请教’，看他们最近在工作中有没有遇到什么难题，是如何解决的。如果某个方法值得借鉴，我会在部门内进行推广，让所有同事都来学习该方法。”这样，面试官就更能相信，求职者的能力能在新公司发挥作用。

（2）聚焦场景。

求职者可以通过聚焦一个与岗位类似的场景，然后描述自己完成任务的具体经过的方式，让面试官相信自己的能力可以落地。这里还以面试短视频导演为例，应聘者可以说：“我曾为一款酒酿甜品拍摄宣传视频，在20秒的视频中，我只反复强调‘甜’这一个特点，比如甜是儿时的味道，甜是下班后的放松，甜是对自己的宠爱。后来，这条视频在网络上走红了，并吸引了大量客户到店购买，大家都对甜这个特色印象深刻。”这样，面试官就会知道他清楚短视频的特征。

（3）匹配目标。

求职者还可以提前了解目标公司的盈利模式，并针对各阶段的目标，有重点地描述自己的能力。比如，他可以说：“我发现贵公司主要的盈利模式，是收集高质量的线索，并尽可能促进线索转化。因此，我觉得第一阶段的目标是测试渠道，判断哪种渠道的线索质量更高。在这方面，我有着丰富的经验，曾通过两周的测试，找到了五个有效渠道。”这样，就更方便面试官对求职者的能力进行评估。

下面，我会结合自己面试4A广告公司的经历告诉你，如何在面试中讲好能力故事。

**案例**

**我用能力故事，征服4A广告公司总监**

毕业第二年，正想换工作的我收到了一份面试邀约，来自一家国内比较知名的4A广告公司，岗位是资深策划。这个机会对我很重要，因为作为一位4A员工，我会服务来自全球的顶尖品牌，像欧莱雅、路易·威登、香奈儿等，那些闪光的名字，曾在我梦里萦绕。

而且在面试前我得知，策划部的总监会直接面试我，这就更令我兴奋与紧张。“总监级别的人，会更关注什么？”我问自己。

作为一个策划，重要的是写出能让客户买单的方案。所以“卖得出去”，是策划能力的核心。怎么证明自己的方案“卖得出去”？不能只是单独递个方案给面试官，而是从讲述中，透露出我对策划的思考。

因此，我决定通过讲好“能力故事”来展现自己对策划的思考。主要包括提炼观点、聚焦场景、匹配目标三个步骤。下图为该岗位的职位描述。

第一，我需要总结自己对策划的理解，提炼出自己的观点。

比如，当总监问我：“你认为‘策划’是什么？”时，我回答：“策划就是‘市侩’和体面。市侩，就是直击客户痛点。体面，就是用客户信赖的方式说话。”那一瞬间，我从他的眼里看到了欣赏的光芒。

好的观点，可以体现出你在行业内的专业思考，也更能让面试官相信，你的能力可以复制到其他项目。

第二，我要聚焦关键场景，体现能力可以落地。

比如，在展现自己是如何“直击客户痛点，并用客户信赖的方式说话”时，我的做法是：通过一个好故事，真正让面试官感知到我的策划能力。

我记得当时准备的是某知名啤酒品牌的新年包装方案。我们团队设计了一个类似俄罗斯转盘的结构，叫“10来运转”，承载了特殊背景下时代运转的希冀。我没有展开讲述策划中的细节，而是别出心裁地聚焦了这样一个场景：

有一次，我和闺蜜一起去普陀山。求签时，我发现我闺蜜许的愿望居然不是“遇到帅哥”“月入10万”，而是，“未来有个健康的孩子”。那一刻我才发现，人们渴望转运，不是为了自己，而是为了在意的人。正因如此，我强烈说服团队的其他人，把转盘二维码中“为自己求一支签”的

**职位描述**

新媒体　文案策划　短视频策划

1、品牌策略：解读品牌诉求、洞悉用户痛点、挖掘触达场景，构建品牌整合营销策略方案，包括品牌价值梳理、品牌沟通策略、品牌传播策略、品牌新体验创造；
2、整合营销：以消费者为核心对品牌、平台、产品、第三方、销售端等多个独立领域进行整合协同，制定营销解决方案。

任职资格：
1、中文、广告传播、市场营销、策划、新闻、公关等相关专业专科以上学历；
2、有扎实的PPT方案技巧、良好的策划及实施能力，思维灵活、逻辑清晰；
3、熟悉品牌建设项目沟通，品牌分析、定位、品牌核心价值体系建设、品牌形象塑造（CI/VI）、品牌诉求、品牌推广等策略性工作与流程；
4、从事品牌策划3年以上工作经验，有品牌策划、营销策划、广告策划等工作经历，曾任职于咨询策划公司、品牌设计公司、广告公司的相同职位；
5、有全案策划、品牌整合推广及策略执行能力，有较为成熟的案例作品。

该广告公司策划岗的岗位描述

活动，改成了“为关心的人求一支签”的活动，后来果然获得了成功。

我将这个故事告诉了面试官，这个场景让面试官产生了深刻的印象。

第三，我要结合公司的目标，有重点地描述自己的能力。

在面试官问我：“你最大的优势是什么”时，我回答：“我知道策划最重要的目标，就是让客户愿意为策划案埋单。而我最大的优势，就是擅长直击客户痛点，并用他们信赖的方式说话。比如我参与那个啤酒项目的提案时，也用了讲故事的方法，向客户娓娓道出了自己的创意，解决了他们的痛点，最后方案毫无悬念地通过了。”

我通过这三个步骤，成功讲好了自己的能力故事，征服了策划部总监，获得了4A广告公司的Offer。

### 3. 三种技巧，让能力故事更生动

如何能够让能力故事更生动，这三个方法一定要会用。它们分别是：排位法、比较法和证言法。

(1)排位法。

求职者可以主动告知面试官，自己的能力在团队中处于什么样的水平，这样可以让面试官对能力有一个客观地评估。比如，在描述自己设计能力的时候，求职者可以这样说："我们公司有100名左右的设计师，设计水平在前10%的设计师，会代表公司参加行业内的设计比赛，入职三年间，我共代表公司参加过6次设计比赛。"

(2)比较法。

除此之外，求职者还可以通过与团队内其他成员进行比较的方式，突出自己的能力。比如，在强调自己的沟通能力时，求职者可以说："在处理工厂的生产问题时，我们组曾分别派出三名成员去解决纠纷，但都没有成功，而我去和他们沟通之后，问题就顺利解决了，他们还主动承诺我会提前交付样品。"

(3)证言法。

在展现某种比较难量化的能力时，求职者可以通过引用他人证言的方式，说明自己的能力。比如，客户曾评价求职者："别人解决不了的问题，只要×××(求职者的名字)出面协调，就一定能解决。"求职者就可以邀请客户把这段话打印在纸上，并签上他的名字，作为能力的证明。

通过这三种技巧，求职者能让面试官更直观地了解自己的能力。接下来，我会和你聊聊，在面试中如何通过胜任故事而脱颖而出。

## 思考题

1. 为什么有些获得顶尖艺术奖项的设计师却无法得到电商设计师的岗位？请结合“可复制、可落地、可评估”进行思考。

2. 当面试官问你：“你怎么证明，过去的经验能帮你在新岗位中发挥作用？”时，你会如何回答？请结合“提炼观点、聚焦场景、匹配目标”进行思考。

3. 如果面试官说：“学习能力是很抽象的，你能举个例子说明吗？”你会如何应对？请结合排位法、比较法、证言法进行思考。

### 2.2.4 胜任故事：为什么非得你来做

职场新人，通常很怕面试官问这样一个问题：“你没有相关经验，如何胜任这个工作？”

其实，既然简历被面试官选中，说明这份简历相比其他简历而言，有一定的优势。面试官问这个问题，是想考查求职者是否具备岗位的胜任力。

那究竟什么是胜任力呢？面试官又会如何评估胜任力呢？

1. 胜任力，关键在于软实力

“胜任力”这个概念最早由哈佛大学教授戴维·麦克利兰（David Mcclelland）于1973年正式提出，是指能将某一工作中有卓越成就者与普通者区分开来的个人的深层次特征。这个概念提出的背景：许多表面优秀的人才，在实际工作中的表现却令人非常失望。胜任力的结构特征包括个体特征、行为特征和工作的情景条件。其中，个体特征又分为五个层次：知识、技能、自我形象（个体的态度等）、特质和动机（见下图）。

通过对上述冰山模型的分析，我们发现：知识和技能对胜任岗位

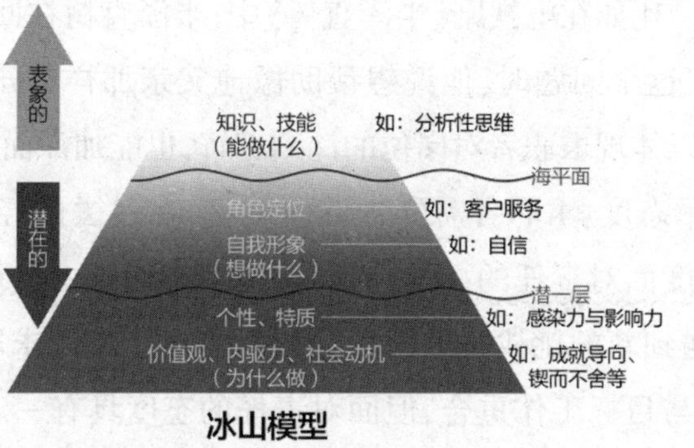


素质体系的冰山模型

固然重要，但海平面下方的部分：自我形象、个性、特质等，也就是我们俗称的“软实力”，是更加关键的因素。其原因有二：

第一，知识和技能是不断迭代的，掌握它们固然能说明求职者的学习能力，但其背后的深层能力更加重要，即态度、思维模式、特质等。这些可以证明求职者在进入新岗位后，依然有足够的能力继续学习。

第二，对企业而言，培训软实力比培训知识和技能的成本更高。因为具体的技能是容易培训的，但学习技能的动机却是很难培训的。所以，对于面试官而言，录取已有合适动机的求职者，是更加明智的选择。

所以，求职者想要展现自己的胜任力，关键在于回答好以下三个问题：

①你是否有很强的意愿做好这个工作？（态度）

②是什么样的动机，让你渴望获得这份工作？

③你有哪些特质（思维模式等）能证明你适合这份工作？

回答好这三个问题，可以帮助你说服面试官，为什么这份工作非得由你来做。

2. 讲好胜任故事，展现胜任可能

讲好胜任故事，关键在于三个“展示”：展示动机、展示态度和展示特质。

（1）展示动机：往往是求职者有别于其他人的，强烈想要获得这份工作的渴望。比如在电视剧《半泽直树》中，半泽直树在回答“为什么想进银行工作”这个问题时，他说想帮助像他父亲那样有匠心的企业主。好的动机可以体现求职者对岗位的深刻理解，也能加深面试官的印象。

(2)展示态度：求职者需要告诉面试官，在过去的经历中，他是用什么样的态度面对责任的。是逃避，还是迎难而上？这可以帮助面试官预测，在遇到新的挑战时求职者会如何应对。也许求职者过去的经历并不完全与目标工作重合，但面对责任的态度具有一定的恒定性。

(3)展示特质：特质包括一个人的思维模式、行为特质等。比如求职者在面对困难时，是喜欢独自解决，还是选择与其他人合作？一般而言，特质没有好坏之分，主要看适不适合这份工作。比如对于部分销售类的岗位，会更看重员工面对机遇时，是否足够激进；而对于部分财务类的岗位，会更看重员工是否有很强的风险意识。

下面，我会通过一个真实案例，来进一步说明如何讲好胜任故事。

**案例**

**应届生凭借胜任故事，通过了名企的社会招聘面试**

一个没有任何正式工作经验的实习生，能进名企吗？你可能觉得是天方夜谭。

但如果我说，这个实习生是一个无人零售鲜果项目创始人，某连锁健身品牌连续三个月的销售冠军，以及全国性文创项目负责人，你的结论会改变吗？

那位实习生就是我的下属小野，在我的帮助下，他发现了自己经历中的亮点，并成功入职某互联网名企的本地生活品牌，成为一名运营。

故事要从我担任某技术公司运营部主管的第六个月说起。那时，我的团队正在扩招，因此会频繁面试一些运营人员。我发现，大多数运营在面试时都会犯一个错误，那就是过分强调数据上的增长，而忽视对运营工作本质的理解。比如他们会说：

“在三个月内，我成功让平台用户从1 000名增长到30 000名。”

“通过裂变活动，我帮助粉丝数量增长了10倍。”

但当我问他们对运营本质的理解时，他们好像显得有些迷茫：

“就是把用户拉进来，然后买课程吧。

“让会员参加活动，创造收益。”

在我看来，运营是生意的经营者。一个仅会数据分析或者用户拉新的职员，是不能算作一名优秀的运营的。

所以，当我的实习生小野想要跳槽进名企（岗位描述见下图），并找我来修改简历时，我决定帮助他挖掘工作背后的深层次能力，更好地展现自己的胜任力。

**职位详情**

C端用户 用户增长

1、制定生命周期分层策略，为租车用户活跃和留存规模增长负责，通过AB实验提升增长指标及投入ROI；

2、基于[redacted]行业特性，搭建会员体系，在[redacted]内及外部平台拓展会员权益，提升高价值用户占比及黏性；

3、搭建端内外的用户触点，探索用户裂变与自传播、私域社群等营销玩法，沉淀可复制的运营方法和产品能力；

4、通过数据分析、行业用户调研等方式，发现新的增长机会点，并组织项目资源进行策略验证与迭代；

5、基于用户分群和画像，探索对应的商品推荐与服务模式，提升用户转化效率及满意度。

任职资格

1、5年以上平台型/自营业务用户运营操盘经验，熟悉用户增长的基本方法；

2、结果导向，具有较强的跨部门沟通能力和项目管理能力；

3、具有数据分析sense，能够对运营策略进行假设与验证，或进行指标诊断；

4、有出行行业/OTA平台/本地生活的用户运营，或商业化会员模式运营经验者为佳。

该运营岗位的职责

通过对该岗位的分析，我建议小野通过展示动机、展示态度、展示特质的方式，讲好自己的胜任故事。

第一是展示动机。

我了解到小野在大学期间曾在学校门口摆过水果摊，一个月赚了三万元。我顿时来了兴趣，问他是怎么做到的，他回答：

“靠无人零售。当时，很多同学都尝试在学校门口摆摊，但生意都不太好。我发现，他们之所以生意不好，是因为来买的都是熟人，那些客户会担心因为同学关系，不方便讨价还价，买到了不好的产品也不好意思退货。于是我就想了一个方法，运营了一个无人零售水果摊页面，所有人在线购买后，无须对话，线下就能自己取走水果。”

“你不担心有人多拿或者错拿吗？”我问他。

“我觉得做生意最重要的是信赖。所以我没有安装摄像头，反而写明是无人水果摊。最后，在月末结账的时候，发现还多了 12 元。”

深入沟通后发现，“建立信赖”，也是小野决心成为一名运营的最初动机。于是我建议他面试时这样说：“我想要成为一名运营，主要是希望通过运营手段，与用户建立真正的信赖。数据的提升只是表象，信赖才是用户留在平台上的原因。”并以无人水果摊的例子佐证。

第二是展示态度。

小野在我所在的公司工作期间，一项主要的工作是为某文创项目招募创作达人。为了深入了解他的态度，我问：“我记得当时招募达人时，你花了两个月，招到的达人也只有个位数，结果第三个月，一下子招到了 4 000 名。你是抱着什么样的态度做到的？”

他回答：“我觉得可以用积极有序来概括我的态度，即在巨大的压力面前，仍然能积极面对，并快速找到工作的头绪。当时有位达人主动提议要和我一起招募，然后分成。我发现她不是通过传统的招聘渠道进行招募，而是把活动发布在一些任务悬赏平台上，通过活动来招人。我通过这个方式迅速找到了工作的突破点。如果我没有积极的工作态度,或者快速找到头绪的能力,很可能被压力吓倒,不会出色地完成工作。”

第三是展示特质。

小野说自己在大学时,曾兼职担任过某连锁健身品牌的销售,并连续三个月连任销售冠军。我问:“你是怎么做到的?”

他说:“我有一个特点,叫‘擅长找关键’,就是在工作之前,先问问自己做好这项工作的关键点是什么。我发现,让一位客户续费的关键,是让他们拥有自信。当他们发现,通过较为轻松的训练,就能看到明显的效果,他们就会信任你,从而续费。很多销售之所以失败,因为他们总是强调老师有多专业,健身品牌有多权威。但他们忽略了一点,只有当客户有自我提升的意愿时,才会持续地购买服务。”

这个故事让我眼前一亮,因为它看起来说的好像是销售,其实和运营也有共通之处。运营的一个重要环节是留存用户,而用户之所以愿意留在平台上,不仅是因为频繁的激励动作,更因为他在平台上收获了自信,比如通过简单的操作,就可以做出出色的作品。

最后,靠着这三个胜任故事,小野成功入职了某知名互联网名企。他成功的核心原因,是不局限于描述具体的工作技能,而是从胜任力的角度,直击运营工作的本质,从而击败了其他竞争者。

3. 六个步骤,帮你讲好胜任故事

首先,展示动机分为两个步骤,即概括动机与解释动机。

(1)概括动机。

求职者需要用20字以内的话来概括自己的动机,比如在小野的案例中,“通过运营手段,与用户建立真正的信赖”就是他成为运营的动机。动机需要体现求职者对目标岗位工作的理解,比如应聘医生时,“离家近,收入稳定”就不是一个很好的应聘动机,因为它可以被运用到任何岗位，而“想救治像我姥姥这样的阿尔兹海默症患者”是一个更好的动机，因为它体现求职者对医疗行业的理解是“救治”。

（2）解释动机。

求职者需要解释动机与目标岗位的关系。比如小野说的“数据的提升只是表象，信赖才是用户留在平台上的原因”，就道出了“建立信赖”与运营工作的关系。解释动机，能体现求职者对岗位的深入思考。

第二，展示态度也分为两个步骤，即概括态度与解释态度。

（1）概括态度。

比如“积极有序”，就是小野对自己态度的概括。态度概括无须太长，但要体现自己与他人的差异。比如字节跳动 CEO 张一鸣对自己的工作态度的概括是“谋事不求易成”，这体现了他作为互联网工作者的独特态度，即将产品做到极致。

（2）解释态度。

求职者需要清晰地解释自己的态度应如何在工作中发挥作用。如在小野的例子中，“在巨大的压力面前，仍然能积极面对，并快速找到工作的头绪”就是他对态度的解释。一个好的例子能增强面试官对求职者态度的感知度。

第三，展示特质也分为两个步骤，即概括特质与解释特质。

（1）概括特质。

比如小野对自己特质的概括是“擅长找关键”。概括特质时需要做到：易懂并且与目标岗位匹配。

（2）解释特质。

求职者需要解释特质对于工作的帮助。比如小野说的“在工作之前，先问问自己做好这项工作的关键点是什么”，就是对自己特质的解释。求职者同样可以通过案例来帮助面试官理解求职者的特质。

通过这六个步骤，求职者能让面试官更清晰地展现自己的胜任力。下一小节，我会和你聊聊，如何通过特点故事抓住面试官的注意力。

### 思考题

1. 在知识和技能都快速迭代的互联网行业，求职者如何说服面试官自己具有胜任力？请结合“胜任力的关键是软实力”进行思考。

2. 当面试官问你：“你没有相关经验，如何证明自己能胜任岗位”时，你会如何回答？请结合胜任故事的三个“展示”进行思考。

扫码看视频

3. 如果面试官说：“其他竞争者和你的能力差不多，你有什么区别于他们的地方？”你会如何应对？请结合胜任故事的六个步骤进行思考。

## 2.2.5　特点故事：刻画独一无二的你

在一些非技术类岗位的面试中，如市场、运营、销售等，求职者的能力特质往往是高度重合的，如沟通能力强、善于把握用户心理等。这就导致了一个必然结果：面试官对大多数求职者印象不深。那么，如何在有限的时间内，把自己的能力表达清楚，并让面试官记住呢？

这里的建议是：讲好特点故事，刻画独一无二的你。

### 1. 特点，是对岗位素质的高度概括

特点，是对求职者能力的亮点，但如果脱离了岗位所需的素质，不但不能给面试官留下深刻印象，还可能适得其反。曾有位学员来找我做面试辅导，想要面试某公司针对企业端的销售总监岗位（岗位描述见下图）。

**职位详情**

政府/社会团体　企业（To B）

软件/企业服务产品

工作职责：

1.负责[illegible]平台软硬件解决方案在泛行业领域（政务、企业、消费类、燃气、水务、电力能源、地产园区等）的销售工作；

2.负责[illegible]技术合作生态伙伴的拓展、引入；

3.拓展行业协会和联盟，组织参加行业市场活动、展会，进行涂鸦开发者生态的宣传、布道；

4.赋能合作伙伴IoT转型与能力提升；

5.负责制定客户经营计划，达成销售业绩目标。

某企业端销售岗位描述

当我让他总结一下自己的特点时，他回答："我最大的特点，就是善于协调人手，比如我对某个行业的客户不熟悉时，会快速安排熟悉该行业的同事进行跟进。"在我看来，这个特点会给他减分，因为暴露了他无法快速学习行业知识的弱点。而如果求职者对企业端销售所需的素质进行总结，会发现快速学习不同行业知识，是一个非常重要的能力。

在我的建议下，他最终将自己的特点确定为"跨背景沟通能力强"，即面对不同行业背景的客户，都可以根据对方的行业特点进行针对性介绍产品，比如针对快消类客户，突出自己的产品效率高，能适应快消行业的快节奏；针对农贸客户，突出自己的产品简单易懂，不需要很强的行业背景也能快速掌握。

当求职者的特点与岗位所需素质高度一致时，面试官更容易对求职者产生深刻的印象，觉得他是独一无二的。

### 2. 讲好特点故事，将特点反复强化

想要讲好特点故事，我建议的方法是：找到一个与岗位高度相关

的特点，然后反复强化。这个过程可分为以下三个步骤：

(1)分析岗位。

求职者可以通过阅读该岗位的介绍、所需技能、公司介绍等，总结出该岗位所需的核心素质。随后，需要对岗位进行深入分析。比如面试销售类的岗位，很多求职者喜欢强调自己“沟通能力强”，但其实不同类型的销售，需要的沟通能力不同。比如，电话销售需要随机应变的能力；而大客户销售需要更强的逻辑性，以及书面化表达能力等。

(2)找到特点。

求职者需要结合自身找到最适合岗位的特点，可以先把自己的特点一次性地列在纸上，然后对比岗位筛选出相关的特点，最后挑出最具说服力的那一个。这个特点往往有很多故事可以佐证。

(3)反复强化。

找到特点后，求职者可以通过3~5个故事来进一步说明，以加深面试官的印象。可以列举不同的场景，比如面试策划专员时，“善于创新”这个特点就可以分为设计策划案时、提案时、执行时三个不同的场景，然后分别用故事来佐证。

下面，我通过一个案例来详细说明如何讲好特点故事。

**案例**

**入职顶奢酒店，特点故事打动面试官**

某一年的校园招聘季，我接到了一份特殊的委托，协助一位叫莉莎的应届生写一份简历，她的目标是入职一家世界知名奢华酒店，担任管理层。

之所以说这个委托特殊，是因为酒店业属于服务性行业，这就意味着很难用量化的指标来体现自己的能力。求职者不能说：“我拥有优秀的服务能力，因为我两周内共清洗了1 000个盘子”，或者“我的沟通能力很出色，因为我一个月内共与500名顾客对过话”。

除此之外，一些常用的简历技巧也很难发挥，比如列举业绩。作为一名服务人员，你很难将服务本身与业绩挂钩。你不能说：“因为我始终贯彻微笑服务，因此门店上半年的业绩提升了30%。”

那怎么才能体现良好的服务意识呢？思前想后，我决定使用特点故事帮助莉莎进入心仪酒店。

讲好特点故事一共分为三个步骤：分析岗位、找到特点、反复强化。

第一步是分析岗位。

通过阅读该酒店岗位须知（见下图），我发现了一个有意思的地方：该品牌的座右铭是“以绅士淑女的态度为绅士淑女们忠诚服务”，这可能是一个核心突破口。

**我们的座右铭：我们以绅士淑女的态度为绅士淑女们忠诚服务**

我们的绅士淑女是对顾客服务承诺中最重要的资源。通过实施信任、诚实、尊重、正直和承诺的原则，我们培养并充分发挥员工的天赋以达到个人和企业的互利。[redacted] 致力于创造一个尊重差异化、提高生活质量、实现个人抱负、巩固[redacted]成功秘诀的工作环境。

该酒店服务岗位描述

第二步是找到特点。

我知道莉莎曾在甜品店实习过，便问她：“在你实习期间，有没有什么标志性的工作特点？”

莉莎回答：“那就是我的招牌‘微笑服务’啦！每次我接待顾客的时候，都会带着恰到好处的微笑，仔细询问顾客的喜好、忌口等，慢慢就积攒了很多回头客。由于我服务出色，一位来成都旅游的客人特意为我写了一封800字的表扬信，递交到经理处，表示‘我的笑容是他来成都收到的最好的礼物。’”

这个特点让我眼前一亮，它正与品牌的座右铭不谋而合！因为微笑是恰到好处的笑容，正好体现了淑女的态度。于是，我建议她在个人简介的部分这样写：“认可×酒店的座右铭，能与自身的招牌微笑服务理念进行融合。”

第三步是反复强化。

我建议莉莎准备3~5个故事，更好地突出“微笑服务”的特点。可分为不同场景，如：询问需求时、解决投诉时等。比如在询问需求的场景下，她准备的故事是：“有一回，我在服务一位来自上海的高端客户过程中，敏锐地发现了他有醒酒的需求。于是，我提前去仓库准备替代器皿，替他醒酒，整个服务过程中带着恰到好处的微笑。最后我得到了这位客户的点名称赞。”

最后，莉莎通过讲好自身的特点故事，打动了面试官，从众多竞争者中脱颖而出，顺利加入该顶奢酒店担任管理层。

### 3. 做好“三化”，让特点故事更生动

若想让特点故事更生动，我的建议是做好“三化”，即形象化、细节化、场景化。

(1)形象化。

相比直接描述特点如“亲和力强”等，把特点形象化，如“微笑服务”，更能让面试官产生深刻印象。形象化的关键在于：从受众的感知角度出发，重新定义特点。比如文案写得好，从受众的视角出发，就是拥有让人“秒赞”的能力，“秒”突出了速度，“赞”突出了行为。再比如谈判能力强，就是“让客户笑着续费”。不同的表达方式会让特点本身更具记忆度。

(2)细节化。

求职者还需列举一些与特点相关的细节，增强可信度。比如莉莎的案例中，客户主动写表扬信称赞自己，就是一个很好的细节。

需要注意的是，特点的细节需要能真实表现岗位所需的能力。比如有一次，我招聘一个文案的岗位，有位求职者以前当过心理咨询师。

我们当时的对话见下图：

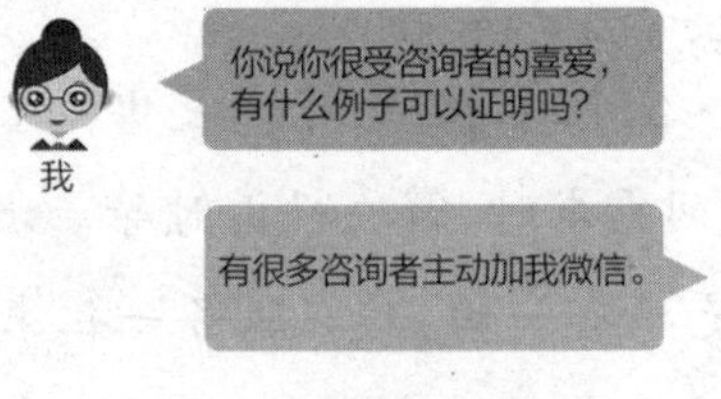


我与该求职者的对话

在我看来，这就不是一个很好的细节，因为加微信这个行为并不能证明他受到咨询者的喜爱。而“之前冷漠的咨询者，在经过咨询后，主动热情地称赞自己”，可能是一个更有说服力的细节。

（3）场景化。

特点需要与具体的场景相挂钩。求职者可以根据岗位的需求，细化出 3～5 个场景，然后有针对性地描述自己的特点。比如采购岗位“细心”这个特点，就可以细化出前期调查时的细心、谈判时的细心、签订合同时的细心等不同场景，体现求职者对目标岗位的了解。

通过“三化”，求职者可以更好地描绘自己的特点，刻画独一无二的自己。下一小节，我会和大家分享如何讲好优势故事。

## 思考题

1. 如果你应聘的是市场、运营、销售等非技术类岗位，如何凸显自己的优势？请结合“分析岗位、找到特点、反复强化”进行思考。

2. 小王去面试教师的岗位，想要突出自己耐心这个特点，如何体现出与其他人的差异？请结合“形象化、细节化、场景化”进行思考。

### 2.2.6 优势故事：发掘无法替代的长板

在我给学员做面试辅导的过程中，经常会遇到这样一种沟通，如下图：

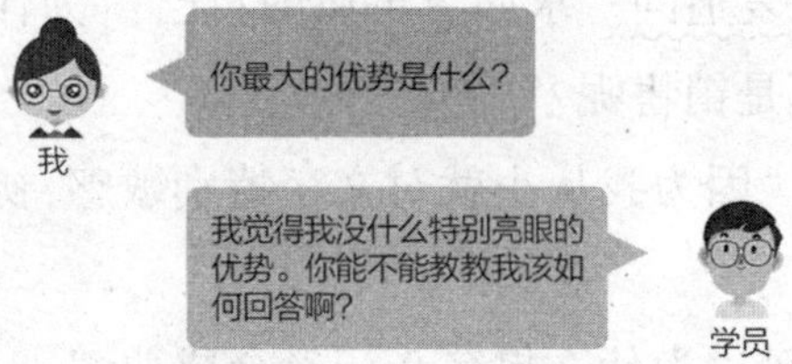


我与部分学员的对话

但有趣的是，在他们投递简历的时候，其实内心都是觉得自己是有应聘优势的。比如投递销售岗位的同学会想："我大学的时候担任过班长，沟通能力比一般人强一些"，而投递设计师岗位的同学会想："我上学时经常被老师夸奖美术眼光独到，也许适合做设计师吧！"

正是这些被夸奖、被认可的经历，让他们倾向于去投递某些岗位。但在面试时，由于紧张，这些优势都回想不起来了，只能机械地给出一些没有创意的回答，比如"我很细心""我做事认真"。

那如何避免这种情况的发生呢？这里的建议是：提前准备好优势故事，让面试官眼前一亮。

1. 优势，是你的不可替代之处

如果把"你的优势是什么？"这个问题补充完整，会得到这样一句话："应聘这个岗位，你有什么他人无法替代的优势？"

其中包含两个信息：

（1）优势是相对于岗位而言的。也就是说，相比于其他岗位，求职者的优势更适合他所投递的岗位。这样才能让面试官信服求职者的投递是出于谨慎考虑。

（2）优势是他人难以替代的。面试是一种筛选，求职者需要给出录取自己不录取别人的原因，才能成功。因此求职者需要证明，自己的优势相比其他人的优势更适合这个岗位。

那如何找到其他人无法替代的优势呢？我的建议是：回忆自己投递的初心，然后反复追问。求职者可以问自己："为什么我投递了文案策划的岗位，而不是销售呢？"

回答可能是："因为我从小就对文字特别敏感，初中时还报名成为报社的小记者。"

然后继续追问："为什么报名小记者会成功？"

回答可能是："因为我有快速学习的能力。在报名前，我熟读了每个栏目的文风，然后模仿着写了5篇，最终被报社录取。"

通过这个方法，求职者就能快速找到其他人无法替代的优势。接下来，我会教你如何用优势故事，帮助面试官记住你的优势。

### 2. 优势故事，让长板可记忆

一般而言，好的优势故事有以下特征：

(1)5秒亮重点：优势是可以被简单易懂的语言概括的。如果面试官能快速记住求职者的优势，也会有更强的意愿往下听。

(2)适当设置悬念：列举一个其他人很难做到的结果，然后让面试官猜猜自己是如何做到的，可以让优势故事更具戏剧性。

(3)还原场景：对工作的真实场景进行还原，解答面试官的疑惑，让优势更深入人心。

(4)强调与岗位的关系：最后体现出自己的优势如何运用在工作中，以增加说服力。

接下来，我会通过一个案例来说明如何通过优势故事打动一位前阿里战略运营专家，入职一家新锐技术公司。

**案例**

**面试智能营销公司，我教阿里战略运营专家如何"自我包装"**

做了几年文案工作后，我对自己的宣传能力越发自信，产生了挺进市场部的想法。当时，我注意到智能营销正在成为一种新趋势，越来越多的品牌开始使用自动化营销工具，替代原来低效的营销方式。我仿佛看到营销的未来在向我招手。“如果我能成为一名智能营销的‘宣传官’，那该多酷啊！”

我开始投递智能营销公司市场部主管的岗位，不久收到了一则面试通知。

给我发通知的公司，主要售卖企业级智能营销操作系统。我面试的岗位（见下图），负责宣传一款自动化营销产品。面试前，我仔细阅读了它的产品介绍，里面充斥着艰涩难懂的技术名词：后链路数据打通、信息孤岛、ID-Mapping、全域标签系统……

**职位详情**

电商　团队管理经验　B端客户

岗位职责：

1、 根据公司发展战略规划，进行公司市场战略规划及体系建设和品牌规划及品牌体系建设；

2、 根据公司不同产品的特点，制定不同运营阶段的市场推广营销策略与方案，跟进并落实执行；

3、 负责行业大客户和行业KOL的推动和关系维护，从市场推广角度夯实客户关系；

4、 各渠道宣传方向、创意及资源整合联动，提升整体内外宣资源使用效率；

5、 负责展会、大客户关系、奖项申报、行业协会与生态伙伴拓展等；

6、 能够独立的规划团队结构，管理团队完成既定目标。

该智能营销公司市场岗位描述

读了不到10分钟我就快睡着了，这让我产生了自我怀疑：没有任何技术背景的我，真的适合这个岗位吗？

但我又突然想到：既然我读这些产品简介这么费力，消费者一定也和我一样，看得云里雾里。

而我的优势，恰恰是看不懂这些名词，因此能从一个全新体验者的视角来看待产品。

想到了这点，我突然浑身充满自信。

第二天，我来到面试现场，得知我的面试官是原阿里的战略运营专家。他三十多岁，穿着IT届盛行的套头毛衣。

我做了简短的自我介绍后，他问我：

“你之前没有技术产品的推广经验，如何证明你能胜任这个工作?”

我知道，我的“故事面试法”又能登场了，于是我不慌不忙地回答：

“虽然我没有相关背景，但我的优势是特别擅长宣传。我认为，如果自我介绍无法在5秒内被人记住，它就失败了。”

他似乎产生了兴趣，我继续说：

“我是一名有10万以上粉丝的自媒体博主，从中学起，我就特别擅长宣传自己。当时我参加了某市一个原创音乐比赛，并成为该市唯一一名被独家采访的选手。我是怎么做到的？我给自己写了一份个人简介，简介中的自己是校园风云人物，才华胜过林黛玉，情商胜过薛宝钗。因为音乐比赛很看重选手本身的话题性，所以这段简介让我脱颖而出。

“后来，我开始在知乎上创作文章，并逐渐积累了一点名气。有一天，《新世相》(一个国内知名的自媒体机构)找到我，说要对我进行一个个人采访。后来，那篇采访我的文章获得了不错的浏览量，我是怎么做到的？我介绍自己的时候是这样说的：‘这是一个副业收入是主业收入三倍的年轻人。’因为我知道《新世相》最典型的受众是有独立想法的年轻人，他们不拘泥于朝九晚五的生活方式，而是喜欢尝试多元化的人生。

“我的优势，就是能结合受众的特性，让任何人在5秒内记住我的宣传对象。我相信相同的优势，也能发挥在工作上。”

讲述故事时，我运用了这样几个技巧：

(1)5秒亮重点：直接在故事开头把亮点说出来，比如“该市唯一一名被独家采访的选手”“那篇采访我的文章获得了当月最高浏览量”，吸引面试官往下听。

(2)设置悬念：比如让面试官猜“我是怎么做到的”，激发他的好奇心。

(3)还原场景：具体说出当时做了什么，如何实现目标的。

(4)强调与工作的关系：即“我能结合受众特性，让人5秒内记住我的宣传对象”，这恰恰是这个岗位所需的重要技能。

听完我的故事，那位前阿里战略运营专家问了我一个有趣的问题：“如果我要去一所大学宣传我的运营课程，你会怎么用你的‘5秒法则’帮我包装呢？”

我想了想，说：“我会这样介绍您——一个麦田里的守望者。《麦田守望者》是我大学时深爱的作品。我觉得战略运营专家的角色，就很像麦田里的守望者，维护着一切的秩序。他们用锐利的眼睛，时刻观察着项目中的资金、渠道、人，并让它们以最合理的方式运行。我相信，那些大学生听到了这个比喻，一定能马上理解您是干什么的。”

他听完哈哈大笑：“还真是结合受众的特性进行宣传啊。”

面试的最终，他握着我的手说：

“期待你能加入我们公司，以一个全新体验者的角度宣传产品，让每个消费者真正看得懂、学得会、用得来。”

后来，我加入了那家公司，并为那款自动化营销产品设计了一个能在5秒内记住的定位口诀：“口袋里的MCN”。所有公司都可以通过这个产品，像MCN机构一样轻松管理上千名员工，让他们拍摄视频为品牌造势。这个定位一直沿用至今。

3. 巧用故事框架，让优势故事更真实

在之前的章节中，我已经介绍了 SB7 故事框架，以及它在面试中的运用。这个框架是："一个人，遇到一个问题，碰到一位向导，制订一个计划，开始采取行动，最终产生了什么好的结果，避免了什么坏的结果。"

这个框架常在我教授学员如何讲好优势故事时使用，这里我详细讲解一下：

(1)一个人，遇到一个问题：比如小王去面试客户经理，他的优势是"善于把握项目进度"，就可以这样说："有一次，我们组临时被安排了一个重要项目，需要在两个星期内完工，并且之前没有任何参考。"问题需要有代表性，而且不能通过简单的尝试解决。

(2)碰到一位向导：这个向导可以是一种"工作方法"，比如一些知名集团有"作战室文化"，即在重大项目期间，让团队都在专属作战室工作。小王可以这样说："我参考了其他领导的管理经验，让团队在作战室沟通，提升沟通效率。"

(3)制订一个计划：对工作方法进行细化，以迎合目标场景。小王可以说："我对作战室工作的计划如下：每天早动员晚汇报，所有人都在在线文档上更新进度，每周总结一次战况。"

(4)开始采取行动，最终产生了什么好的结果，避免了什么坏的结果。小王可以说："最终，经过 12 天项目就顺利完工了，客户表扬我们的效率很高，而且没有要求退款。"

好的结果可以通过对比法、证言法进行强调。比如："我解决了其他三名组员都没有解决的问题"(对比法)，"客户说我们是他见过效率最高的供应商"(证言法)。

通过优势故事，求职者可以强调自己相对于其他竞争者的不可替代性。下一小节，我将跟大家分享如何通过细节故事，让面试官忘不了你。

## 思考题

1. 如果你参加一场校园招聘，唯一的工作经验是在学校社团中担任过干事，那么应如何讲好自己的优势呢？请结合“5秒亮重点、设置悬念、还原场景、强调与工作的关系”进行思考。

2. 如何让自己的优势被面试官记住？请结合SB7故事框架进行思考。

### 2.2.7　细节故事：让面试官忘不了你

在我担任面试官的生涯中，有时会遇到这样的情况：有些候选人的经历从简历上来看很优秀，但到了现场面试的时候，却缺乏实际内容，不能被人记住。比如下图中的对话：

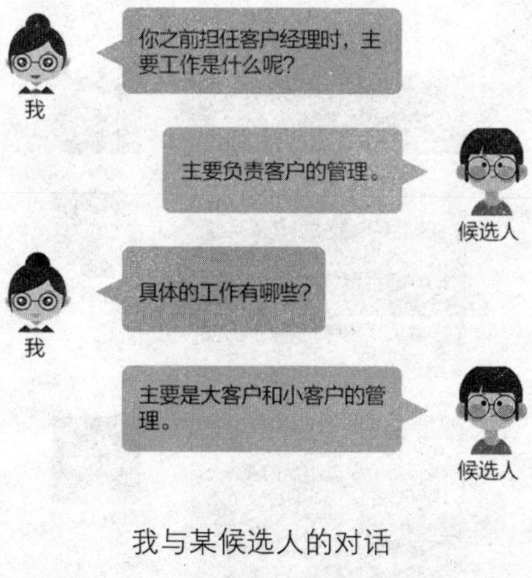


我与某候选人的对话

记不住的原因是什么呢？因为面试官无法从以下维度对求职者进行区分：

第一，经历的真伪

如果候选人确实深度参与了工作，那应该对某些执行细节有深度的洞察，比如资深的策划师会说：“方案的逻辑有时候比创意更重要，因为只要大方向无误，细节可以在提案后修改。”而资深的投放师会说：“有些大额广告投放三天以上才能看出效果，时间太短的话数据具有偶然性。”但如果回答缺乏细节，就无法判断候选人是否真正参与了工作。

第二，真实水平

不同的细节描述，能体现不同的水平。比如在面试剪辑师的过程中，如果剪辑师只描述片子的主题、时长等，而无法描述出对某个具体场景的思考，很可能说明他缺乏对细节的把控能力。

那么，如何避免这种情况的发生呢？我的建议是：通过讲好细节故事，加强面试官的记忆度。

### 1. 细节，展现求职者的区分度

下图是三位人事经理的面试回答，如果你是面试官，会对哪个回答印象更深刻呢？

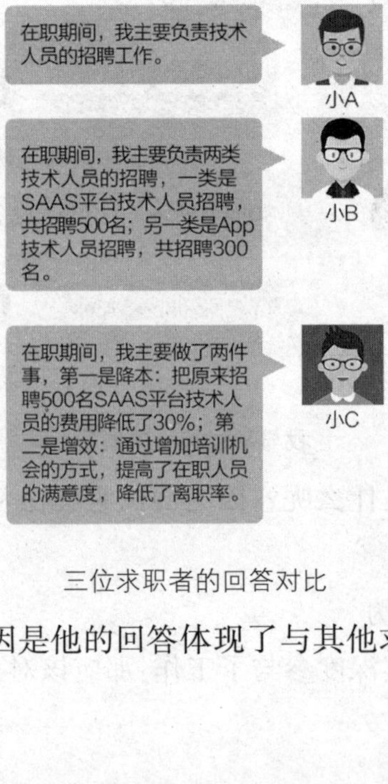


三位求职者的回答对比

答案是小C，原因是他的回答体现了与其他求职者的区分度。但大多数求职者的回答更像是小B，即提供大量无用细节，无法展现真实水平。

那是不是面试中所有问题都需要体现细节？并非。求职者需要在以下三种问题中展现细节：

（1）经历类问题：比如“在这段经历中，你主要的工作有哪些？”“你工作中遇到的最大的挑战是什么？”

（2）评价类问题：比如“你对自己的策划能力如何评价？”“你对自己的管理水平如何评价？”

（3）实操类问题：比如“如果你的下属不服从管理，你会怎么做？”“你到岗位之后，具体会怎么开展工作？”

这些问题，仅凭描述很难证明自己的实力，只有通过自己的经历进行佐证，才能真正体现区分度。

2. 讲好细节故事，复现解决难题的能力

既然细节的主要作用是展示区分度，那若要讲好细节故事，就可以从以下思路出发：

（1）找到切入点：首先，找到岗位的核心需求，再准备细节。比如某产品经理岗位，核心需求是“破冰能力”，即快速融入并调动人手的能力，那求职者就应该围绕这方面的能力准备细节。

（2）增加挑战性：解决问题的难度，决定了细节的含金量。好的难题包括以下特性：够典型、有意义、不可回避。也就是说，这个问题会在相关工作中反复出现，且不能通过简单的处理解决，而如果解决了该问题，会对更多人的工作带来积极的意义。

（3）场景具体化：通过描述具体场景，面试官更能了解求职者解决问题的思路与水平，从而留下更深的印象。

下面，我们来看一个案例。

**案例**

**我给某市A区政府做了份“简历”，被和比尔·盖茨并排推荐**

在我的策划生涯中，曾接到过一个特殊的任务：为某市A区政府做一份“简历”——一个专属的领英旅游形象主页，向全世界宣传当地的旅游文化。

经过快速分析，我们发现这个任务的挑战性极大，因为：

(1)当地的文化、美食、景点等地方特色浓厚，并非传统认知中的大众旅游景点。

(2)当地供海外游客体验的设施较少，很多景点如孔子学堂等，更注重文化知识传播，参与性较低。

(3)很多独特的文化现象，如傩戏，需要深厚的文化背景才能理解，可能让受众望而却步。

如何才能让海外游客相信：在这个市的这个区也可以玩得尽兴，并收获难忘的体验？我想到的方法是：通过讲好细节故事，打动海外游客。

第一步是找到切入点。

最初我们想了很多创意，比如强调当地的地貌很适合探险项目，比如盘点十大适合海外游客的打卡胜地，但总是反响平平。最后，我们找到了问题的关键：体验，是海外游客的核心需求。如果我们可以围绕体验来讲好细节故事，一定能对他们产生吸引力。

第二步是增加挑战性。

要展现这个地方出色的体验，我们可以通过限制旅游的预算，然后告诉海外游客，即便如此，也能获得优质体验。在当时，有很多海外游客在海外社交媒体上做这样的视频：用10美元、20美元挑战在某地生活，这样的视频非常“吸睛”，因为“难”。而当人们看到旅行者入住价位不高但有特色的民居，并在小巷中吃到便宜但惊艳的美食时，就会体验到强烈的冲撞感。

在与同事讨论后，我们最终确定了视频的主题：《20 美元游 A 区》。

第三步是场景具体化。

拍摄第一天，我与几位海外游客游玩了几个当地的标志性景区，后三天是自由活动时间。我发现，比起推荐景点，海外游客更喜欢拍古镇上锻炼的广场舞阿姨、到路边打卡恋爱豆腐果以及讨论孔子和孟子谁的胡子更长。这给了我启发：不如选出海外游客心中的更喜爱的场景，以此来吸引相同文化背景的游客。

于是，我们精心选择了以下体验场景：在孔学堂的文化体验区，用毛笔抄写孔子语录；在云顶高坡的冥想地，感受人与自然的融合；在树屋酒店，感受趣味体验。

后来，我们的《20 美元游 A 区》视频发出后，收获了不错的反响。在之后的很长一段时间内，我们为 A 区打造的旅游品牌主页在领英的推荐栏中与比尔·盖茨的主页被并排列为“最值得关注的主页”之一。借助细节故事，我们通过了海外游客的“面试”，提升了 A 区旅游品牌的竞争力。

### 3. 三个技巧，让细节故事更深入人心

下面我将介绍如何让细节故事更深入人心。三个技巧分别是：展现事实而非判断、预设追问点和体现成长。

（1）展现事实而非判断。

在讲细节故事时，很多求职者会犯一个错误，就是加入很多对自己的主观判断，比如：“我这个项目完成得很不错，策划内容很优质。”这在面试官看来缺乏可信度，因为一个项目好不好不是求职者说了算的，而是有客观的衡量指标。更好的做法是展现事实，比如求职者可

以这样说，如下图所示。

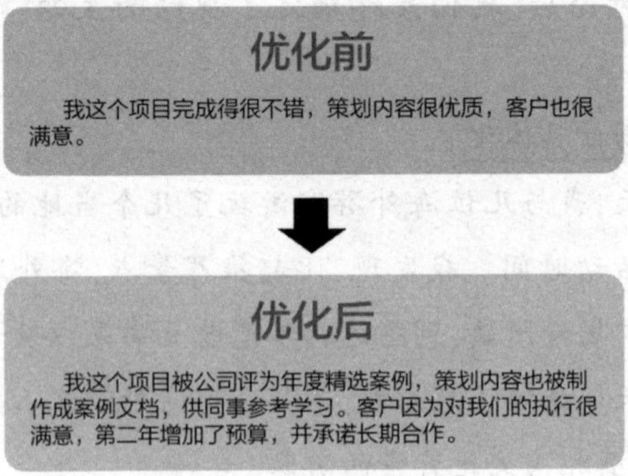


内容优化对比图

（2）预设追问点。

很多求职者在讲细节故事时，不知道应该如何安排，导致叙述没有重点。这里建议的方法是：提前预测面试官的追问点，并根据追问点准备故事。比如求职者准备的故事是靠自己的耐心解答，解除了客户投诉，避免了退款。那面试官的追问点可能包括：

“导致客户解除投诉的关键是什么？”

“这体现了你什么样的工作品质？”

“下次遇到类似的问题，你的处理思路是什么？”

如果根据追问点准备细节故事，你会得到如下回答框架：

“我解决了××问题，解决该问题的关键在于××，这体现了我××的工作品质，如果今后遇到类似的问题，我的处理思路是××。”

（3）体现成长。

既然细节故事的重点在于解决难题，而在解决难题的过程中，求职者一定会收获成长，因此将成长的内容直接呈现给面试官，就能让他相信求职者在以后的工作中，若再遇到类似的问题，也可以妥善处理。

比如在解除客户投诉这个事件中，求职者收获的成长可以是：“我发现，平复客户情绪的关键，在于让客户直接提出服务过程中的问题，然后我方针对这些问题，列出一个详细的解决方案。这样做可以增强客户的安全感。"

通过讲述细节故事，求职者不仅展现了自己的优势，还能被面试官记住。下一小节，我会分享故事面试法的最后一种展现形式：压力故事。

### 思考题

1. 小李是一名财务，他的优点是细心，他准备的故事是每次做账都没有失误，但他担心这个故事没有记忆度，如何帮助他突破？请结合"增加挑战性"进行思考。

2. 如果面试官问："你有什么案例可以证明你能胜任工作？"你会如何让回答出彩？请结合"预设追问点"进行思考。

## 2.2.8 压力故事：体现极致创造力

在面试中，求职者通过回答大部分问题，可以较好地展现自己的胜任力、特点、优势、潜力等，但在实际工作场景中，总有一些问题是求职者之前没有遇到过的，或者超出其能力范围的，这时，面试官就会通过压力面试，进一步考查求职者是否有变通的能力：

"如果遇到之前没有遇到过的问题，你会如何处理？

"你没有这方面的经验，如何证明你可以应对？"

如何解答这类问题呢？就要从压力面试的本质说起了。

### 1. 压力面试，能展现求职者灵活应变能力

压力面试（Stress Interview）是指面试官有意制造紧张氛围，以了解求职者如何面对工作压力的面试方法。面试官通过提出求职者难

以回答的问题，以确定求职者对压力的承受能力、在压力下的应变能力和人际关系的交际能力。通常，面试官会在以下情境中使用压力面试：

(1)求职者所应聘的工作有大量不确定场景时：比如客服、销售等面对人的岗位，求职者需要发挥随机应变的优势，来应对环境中的不确定性。

(2)求职者背景与岗位有较大差距时：比如求职者之前的工作经历主要是项目管理，但在应聘的新工作岗位中，有较多产品经理的职能，面试官需要了解求职者是否能承受新角色的压力。

(3)求职者之前的经历具有局限性时：比如应聘策划的岗位，求职者之前主要负责单渠道(如抖音)的营销策划，但新岗位需要进行整合营销，涉及多个渠道，面试官需要了解求职者是否有灵活应变的能力。

无论是上述哪种情况，求职者都无法通过现有经验说服面试官自己一定能应对新的挑战。因此，这里建议的做法是在"变"中找到"不变"的因素，加强自己的说服力。一般而言，不变的因素主要包括以下三点：

(1)思维方式不变。在求职者过往的经历中，也许能提炼出一套可通用的思维模式来应对新的挑战。比如面试策划岗位，求职者可以说："我认为策划的核心在于先写出一个能说服自己的故事，然后再撰写策划案，这个方式在单渠道和多渠道的策划中都可以运用。"

(2)工作品质不变。尽管场景发生了变化，但原有工作中一些积极的品质依然可以运用到新的岗位中。比如面试销售岗位，求职者可以说："虽然面对的行业和之前不同，但我学习能力很强，曾通过两周时间的学习，快速掌握了五个不同行业客户的应对技巧，相信这个品质也能帮我快速适应新工作。"

(3)核心技巧不变。如在面试采购岗位时，一个核心技巧是参加行业内的重要展会，收集最新市场信息，以确定供应商的报价是否合理。求职者可以这样说："尽管现在的工作与之前行业不同,我也可以通过参加展会的方式了解市场信息,快速上手新工作。"

### 2. 压力故事,挖掘既有经验中的创造力

求职者可以通过讲好压力故事的方式,向面试官证明自己拥有灵活应变的能力。所谓压力故事,就是求职者在面试的过程中,用讲故事的形式将在之前的工作岗位中应对压力时的反应呈现出来,来证明自己某种恒定的品质或思维方式。讲好压力故事包括以下三个步骤:

(1)找到具有代表性的困难来进行讲述。这个困难在新工作中也很有可能遇到,求职者讲述是如何解决这个困难的,可证明求职者有灵活应变的能力。

(2)提出创新性观点。这个观点可以通过创新性思维解决困难,并有一定的通用性。

(3)提供创造性的解决方案。根据上述两条,求职者提出自己的解决方案,并展现相应的创造力。

下面请跟随我来看一个案例。

**案例**

**压力故事,助力转行产品经理成功**

在转行产品经理前,陈小姐已在某知名车企作为项目经理工作了10年。其间接触了不少产品经理的工作,也让她对打造一款产品萌生了兴趣。最近,她受到某新能源汽车公司的邀请,参加产品经理岗位的面试,因此她找到我,希望我给她一些建议。

"如果面试官对我进行压力面试怎么办?比如问我:'你之前没有产品经理的经验,怎么证明自己能胜任?'"陈小姐问。

我回答:"你可以挖掘之前战胜压力的经历,找到与新工作的共通

之处，然后说服面试官。”

在仔细阅读招聘启事（见下图）后，我注意到这个岗位需要的核心能力有两个：一是破冰能力，即快速融入并调动人手的能力；二是业务思维，即把业务视角融入产品设计的能力。

**职位详情**

市场调研　产品设计

工作职责

1. 构建面向全触点、全场景、全球用户服务专属群，为百万车主的服务满意度负责；
2. 参与构建和服务专属群相关的工具类产品，包括但不限于客服工作台、工单系统、知识库、智能客服系统等；
3. 从公司愿景和用户价值出发，提出创造性产品想法，高效推动和协同业务同事对流程再造与优化，提高客服人效，降低用户与客服咨询、投诉过程中的不确定性；
4. 具备多产线产品设计能力和协调能力，能通过专业设计角度，促进产品整体品质的提升，可影响或指导他人工作，并能输出自己的经验技巧供他人分享。

该车企对于产品经理岗位的描述

我建议陈小姐通过三个步骤讲好压力故事，分别是：找到代表性困难、提出创新性观点、提供创造性解决方案。

第一步是找到代表性困难。

在沟通中我发现，陈小姐作为项目经理，曾经统筹过一个数字化研发平台的搭建项目，虽然没有作为产品经理直接参与研发，但作为关键用户，她曾对平台提出过几个不错的建议。于是我请她详细说说当时遇到的困难。

她说：“搭建数字化平台时，我遇到的最大困难就是各部门的业务流程和标准各不相同，要整合到一起十分困难。我们开了十几次会议都没有达成共识。”

这个困难很具有代表性，因为若要解决它，则需要她同时具备破冰能力与业务能力。

第二步是提出创新性观点。

“那后来你是怎么解决的呢？”我问。

“我突然想到自己带下属做业务时，常常会给他们一个标准任务包，让他们在上面简单修改就能使用。我就想：如果把标准业务包放进产品里，让每个部门自己修改，就能解决这个问题。”

在这里，陈小姐提出了一个创新性观点，即用业务思维解决产品问题。

第三步是提供创造性解决方案。

在以上的基础上，陈小姐提出了一个解决方案：将产品中的知识库功能和任务包联动。

陈小姐发现，对于新手来说，知识库可以帮助他们快速熟悉业务；但对于有经验的人来说，他们需要花费大量精力整理项目经验，使用体验十分不友好。由于很多项目都有很多类似之处，于是，陈小姐就提议，将优秀的项目经历通过任务包整理成“参考项目”，在新项目中直接选择复用，可节省大量经验整理的时间。

后来，陈小姐把上述经历整理成了压力故事。在面试时，面对面试官的细节追问，她从容不迫、侃侃而谈。最终，顺利打败了几位产品经理出身的竞争者，获得了该岗位的录取通知。

### 3. 压力故事的三个“强调”

通过上述的讲解，相信大家已经知道如何通过讲述压力故事来展现自己在压力下的创造力了。需要注意三个“强调”：

(1)强调能力而非困难。

在我做面试辅导的过程中，发现求职者在讲述压力故事时，常会错误地把重点放在强调困难的程度上。比如在回答“你遇到的最大的挑战是什么”时，求职者会说：“这个项目时间非常紧迫，而且客户的要求也很苛刻。”但在阐述解决方案时却一笔带过：“最后靠着团队的努力，顺利完成了任务。”这是本末倒置的行为。因为压力故事的重点在于展现能力，求职者应该选择能体现自己能力的案例，而非一味强调困难程度。

(2)强调行为而非感受。

求职者还容易犯的一个错误是：过分强调自己的感受。比如有位求职者说：“在我领导离职的时候，我需要扛起整个组的业绩目标，那时候我常常整夜睡不着，感觉心力交瘁。”这非但不能突显求职者的能力，反而会留下心理脆弱的印象。正确的做法是：客观描述自己在这个过程中的行为，比如设立作战室、制订早动员晚汇报制度等。

(3)强调思维而非结果。

还有一种错误是：求职者会错误地把事情完成的结果，当作衡量自己能力的标准。比如：“最后我们排除万难，为账号吸引了一万名粉丝。”其中“吸引一万名粉丝”就是结果，但它不能直接反映求职者的能力，因为账号吸引的粉丝数量和账号本身的粉丝基数、投放广告的情况都有关系。正确的做法是：强调求职者在解决困难时运用的思维。比如使用“口碑营销”的方式为账号增粉，这代表求职者在新工作中也能发挥出类似能力。

以上，就是故事面试法的全部内容。通过故事面试法，求职者可以借助故事强化自己的经历，从而给面试官留下深刻印象。在下一章中，我会教给大家如何通过 VIP 法则，加强求职者与用人单位之间的匹配度。

## 思考题

1. 小丁想要面试文案的岗位，她讲述的压力故事是：在一次紧急情况下，她帮助程序员找到了代码漏洞，保证了项目准时上线。这是一个好故事吗？请结合"找到代表性困难"进行思考。

2. 当面试官问小吴："你遇到的最大的挑战是什么"时，他回答："有一次，我被要求连夜写完一个程序，当时我内心非常紧张，幸亏有同事的帮助，我顺利完成了任务，程序上线后得到了不错的评价。"请问小吴犯了什么错误？请结合压力故事的三个"强调"进行思考。

# 第3章 给每个雇主VIP待遇

这一章主要探讨的是：如何通过给每个雇主以定制化体验的方式，提升求职者与目标岗位的匹配度，VIP 法则是什么，如何为雇主带来定制化的体验，以及面试前可以做的五个“定制”。除此之处，还会提供详细的实操建议，帮助大家更好地运用 VIP 法则。首先，让我们进入第一节的学习。

## 3.1 VIP 法则是什么

在我应聘实习生的那段时间，常常发现这样一种情况：比起求职者过往经历的优秀程度，面试官更看重经历的匹配度。比如有一次，我去应聘某知名国际奢侈品品牌的财务实习生时，岗位描述如下面第一张图所示。

当时，我因为拥有某世界 500 强的财务实习经历，对自己非常自信，没想到与面试官发生了如下面第二张图的对话：

> 要求：
>
> 大学在校生，专业不限，有财务相关知识基础；
>
> 做事灵巧，认真勤奋；
>
> 每周可以到岗2~3天，做满3个月可盖实习章。
>
> 工作内容：
>
> 报销审核；
>
> 外部凭证处理；
>
> 与业务等部门沟通；
>
> 其他财务相关助力工作。

其奢侈品品牌的财务实习生岗位描述

我与面试官的对话

后来，我自然没拿到Offer。这个惨痛的经历让我想到：面试就像“治病”，需要对症下药。病人的手断了，和医生凭借丰富的经验治好了多少牙齿没有关系。好的求职者懂得给每一家公司VIP待遇。

### 3.1.1　面试需要有的放矢

面试需要有的放矢的意思是：在面试前，求职者需要充分了解岗位的内容、特色、优势等，然后针对性地给出回答和作品。但就连有多年工作经验的人士，也会忽略匹配度的重要性。

比如，我曾帮助一位某顶尖媒体平台的市场部副总监转行私募，他的经历非常优秀，创过业，运营过多个国家级重点项目，在各行各业都有核心资源。但问题在于：他的简历上只字未提与私募行业的关系。当时我们的对话如下图所示。

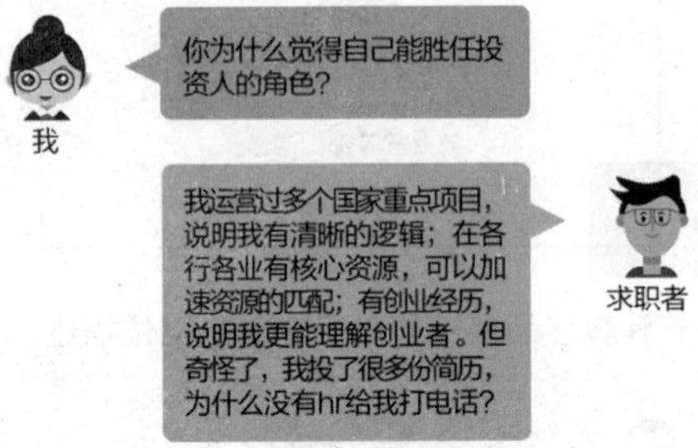


我与该求职者的对话

这反映了很多求职者的心理，那就是：期望企业主动发现自己与岗位的匹配度。造成这种情况的原因有很多，比如对以往的经历过于自信、习惯从自己行业的角度看待问题等，但归根结底的原因是，对企业招聘的流程不熟悉。

招聘流程：在简历和面试初筛的阶段，往往由人事部负责相应的工作，由于对用人部门的专业细节不了解，人事部有时会通过关键词匹配的方式，衡量候选人的匹配度。比如招聘财务经理一职，用人部门给出的要求是：熟悉 SAP 系统，那人事部可能会在简历库中搜索“SAP”，然后挑出含有这个关键词的简历。这就导致了很多简历中如果没有该关键词，但实际掌握 SAP 系统的求职者错过了面试机会。

在面试时，人事部也会根据关键词来判断求职者是否合适。比如招聘剪辑师，用人部门的要求是“掌握剪辑逻辑”，那人事部也可能会更关注提到“掌握剪辑逻辑”的求职者，并给予他们更多的面试机会。

那如何避免在类似的情况下错过心仪的机会呢？这里的建议是：使用 VIP 法则。

### 3.1.2　VIP 法则，给每个雇主以定制化的体验

VIP 法则的内容是：把每个企业都当作 VIP，从他们的角度来定制化地展示自己。具体包括定制自我介绍、定制简历、定制工作计划等。

VIP 法则主要解决的是匹配度的问题。这尤其适合职场新人以及转行人士，可以帮助他们突破背景的局限，让关键的能力被面试官看见。那么，这个法则是如何被发现的呢？

我在某杂志社工作期间，由于个人邮箱与公司邮箱联通，因此也有了机会可以看到各式各样求职者的简历。我发现，很多求职者的经历非常优秀，却没有被录取。

比如有的求职者曾经是市杰出教师，或是某知名科技平台签约作者，但他们的简历都有一个共同点：只字未提与杂志社编辑这个岗位的关系。这就会给人留下一个印象：这个人也许是“海投”（海量投递，一种通过大量投递简历提升录取概率的战术）。

那时，我会想：如果他们能根据用人单位的需求，定制化制作简历，会不会提高录取的概率？

后来，我开始开展面试辅导，也在实际案例中运用定制化法则。但我发现，很多求职者虽然匹配了关键词，但还是没有提高录取概率。在积累了大量经验后，我发现求职者进行定制化匹配的时候主要有以下四个误区：

#### 1. 只匹配关键词，未匹配业务逻辑

比如应聘下面图片中的短视频导演岗位，求职者只匹配关键词。简历中就会这样写：

"①负责短视频拍摄工作；②负责短视频剪辑工作。"

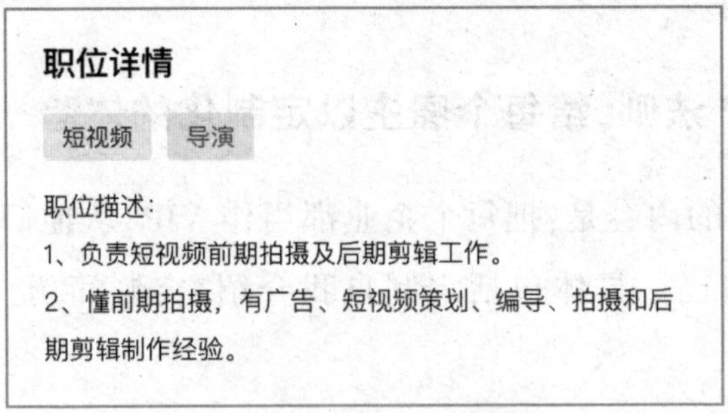
职位详情

短视频　导演

职位描述：

1、负责短视频前期拍摄及后期剪辑工作。

2、懂前期拍摄，有广告、短视频策划、编导、拍摄和后期剪辑制作经验。

某短视频导演岗位需求

但如果他深究导演岗位的业务逻辑，会发现短视频拍摄这个过程其实分为现场拍摄、现场调度、突发情况处理等步骤。因此简历可以写成这样，如下图所示。

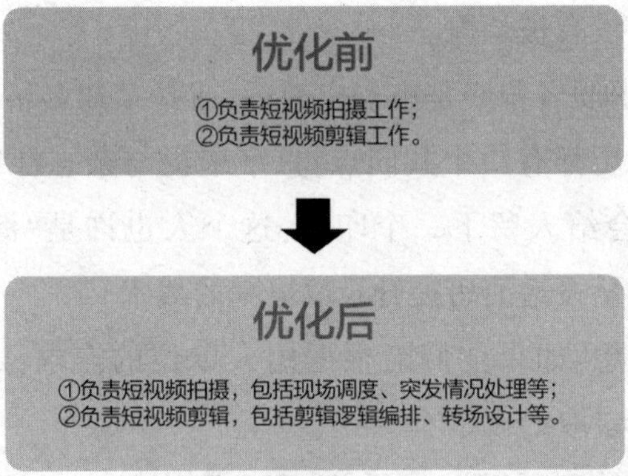


优化对比图片

经过对比后，你会发现这样写，既不空洞，还很有说服力。

2. 只提升简历匹配度，未提升面试匹配度

有些求职者的简历十分优秀，但到了面试自我介绍的环节，却只是对自己的经历草草带过。如应聘下面图片中的客户总监岗位：

**职位详情**

乙方经验　客户对接

1.项目管理：负责项目全流程环节及细节把控工作、项目报价及利润率管理、方案逻辑框架把控和一定的提案能力，项目执行把控、时间节点和内容把控及内外部统筹协调工作；

2.客户管理：具备良好的客户服务意识，针对项目需求做好客户预期管理，与客户保持良好合作关系及拓展新业务能力；

3.团队管理：带过5人以上团队，做好下属的工作任务协调安排和执行监督，对团队人员赋能（指导工作方法论、团队影响力）；

4.商务谈判能力：可对接品牌及平台（小红书、抖音、b站等）进行商务合作谈判。

某客户总监岗位需求

求职者会这样说：

“我之前主要负责一些项目管理和客户管理的工作。”

显然，这样的介绍不容易让面试官抓住重点，甚至质疑简历的真实性，怀疑求职者对实际的工作内容并不了解。

### 3. 只进行技能匹配，未匹配其他软素质

对于一些热门岗位，求职者的技能基本相差不大，这时软素质就起到决定性作用了，具体包括求职者的动机、品质、价值观等，部分求职者只匹配了技能，却没有将相应的软素质进行呈现，可能就会失去竞争力。

### 4. 匹配仅停留在语言层面，未涉及实操

比如应聘下图中的影视策划岗位，如求职者只在语言层面进行岗位匹配，就会这样说：“我擅长 TVC 的制作，PPT 的使用也很熟练。”

**职位详情**

网络广告　甲方经验　公关媒介代理商/服务商

视听广告　视频/直播广告　新媒体广告

媒体广告

工作内容：

精准找到产品/客户定位，撰写TVC/宣传片整体策划、品牌文案，创造传播亮点、金句，能够全面组织视频逻辑，独立负责广告项目策划工作。

能力要求：

1、语言组织能力强，能迅速转换成文字内容。

2、视角独特，思维敏捷，间歇性脑洞大开。

3、熟用PPT、Word、Excel、思维导图。

4、性格开朗，有较强的团队合作能力和沟通能力。

5、有视听语言转换思维，了解广告市场、影视环境。

某影视策划岗位

但类似影视策划这样的技术类岗位，更看重的是实操能力，因此，可能更好的做法是：直接提供相关的面试作品，或根据岗位内容，拟定一份工作计划。

在这个基础上，我整理归纳了 VIP 法则，即通过定制简历，提升业务逻辑匹配度；通过定制自我介绍，提升面试匹配度；通过定制求职信，提升软素质的匹配度；通过定制面试作品和工作计划，提升实操匹配度。

## 3.1.3　面试前，你需要做好哪几种定制

面试前需要做好五种定制。具体如下：

1. 定制简历

求职者根据岗位的需求，有针对性地撰写简历内容。简历内容主要包括工作经历的业务逻辑匹配、优先级排序等。定制简历的主要作

用是提高初筛通过的概率。

2. 定制自我介绍

定制自我介绍指求职者从企业的需求出发,在面试时主动提高自我介绍的匹配度。其包括阐述应聘原因、强调匹配、突显优势等。定制自我介绍的主要作用是加深面试官对求职者的印象。

3. 定制求职信

求职者在简历的基础上,附上定制化的求职信,进一步向面试官说明动机、态度和品质。定制求职信的主要作用是展现自己应聘的强烈意愿。

4. 定制面试作品

求职者准备与目标岗位相关的面试作品,需要做到行业吻合、重点吻合、关键技能吻合等。定制面试作品的主要作用是展现自己的实操能力。

5. 定制工作计划

求职者根据目标岗位需求,有针对性地制作工作计划,包括目标设定、计划设定、备选计划设定等。定制工作计划的主要作用是展现对具体工作的思考能力。

## 3.2 VIP 法则的五个定制

在本节中,我会告诉大家如何通过短时间的准备,有针对性地展现自我,以提高与岗位的匹配度。下面,我们进入第一小节的学习:定制简历。

### 3.2.1 定制简历：从岗位角度定位价值

请跟随我来看下图这则对话：

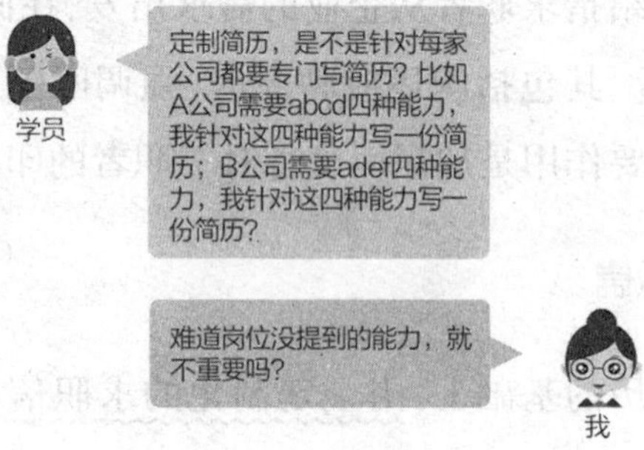


我与学员的对话

图中学员提到的这个问题，暴露了很多求职者看待简历的一种误区，那就是：简历仅仅是针对企业提出的需求进行响应。事实真的是这样吗？

1. 简历，是根据业务逻辑梳理经历

我曾帮助一位项目经理转行产品经理，在给她的简历提供建议时，我说："建议在技能部分添加破冰能力，即快速融入团队并调动人手的能力。"

虽然岗位需求上并未提到需要这个能力，但她还是照做了。几天后，她兴冲冲地来跟我汇报："老师，您太厉害了。您是怎么知道这个公司看重破冰能力的？那天面试官问了我很多与破冰能力相关的问题，还说这是我区别于很多其他求职者的地方。也正因为这个能力，我进入了面试的下一阶段。"

我说：我看了十多个产品经理岗位的介绍，其中 2/3 都提到了需要破冰能力，我认为这应该是产品经理普遍需要的能力。

这个故事说明：简历不仅仅是对企业提出的需求进行响应，而是根据业务逻辑梳理经历，从岗位角度定位自身价值。

那我们如何了解一个岗位的业务逻辑呢？除了亲身经历，求职者还可以通过阅读大量同类岗位的求职介绍的方法进行了解。

比如，从下图三个公关岗位的介绍中，我们发现公关所需的共有能力包括内容制作能力、沟通维护能力、舆情分析能力和项目管理能力。

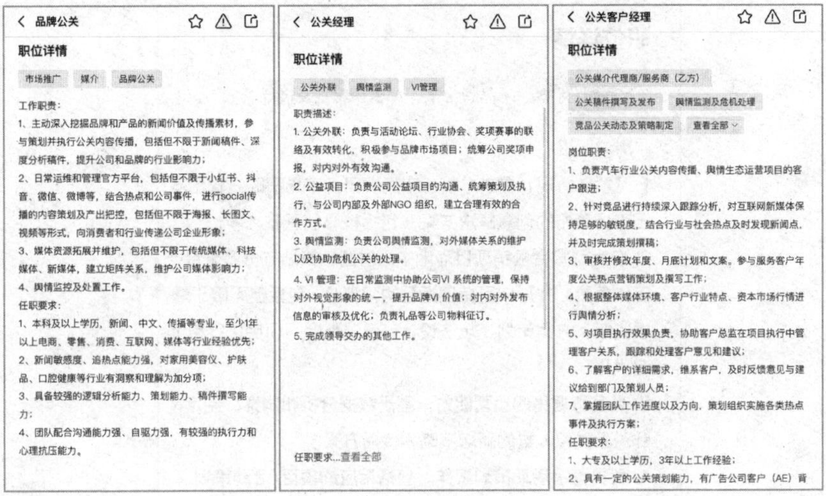

品牌公关

职位详情

市场推广 媒介 品牌公关

工作职责：

1、主动深入挖掘品牌和产品的新闻价值及传播素材，参与策划并执行公关内容传播，包括但不限于新闻稿件、深度分析稿件，提升公司和品牌的行业影响力；

2、日常运维和管理官方平台，包括但不限于小红书、抖音、微信、微博等，结合热点和公司事件，进行social传播的内容策划及产出把控，包括但不限于海报、长图文、视频等形式，向消费者和行业传递公司企业形象；

3、媒体资源拓展并维护，包括但不限于传统媒体、科技媒体、新媒体，建立矩阵关系，维护公司媒体影响力；

4、舆情监控及处置工作。

任职要求：

1、本科及以上学历，新闻、中文、传播等专业，至少1年以上电商、零售、消费、互联网、媒体等行业经验优先；

2、新闻敏感度、追热点能力强，对家用美容仪、护肤品、口腔健康等行业有洞察和理解为加分项；

3、具备较强的逻辑分析能力、策划能力、稿件撰写能力；

4、团队配合沟通能力强、自驱力强，有较强的执行力和心理抗压能力。

公关经理

职位详情

公关外联 舆情监测 VI管理

职责描述：

1. 公关外联：负责与活动论坛、行业协会、奖项赛事的联络及有效转化，积极参与品牌市场项目；统筹公司奖项申报，对内对外有效沟通。

2. 公益项目：负责公司公益项目的沟通、统筹策划及执行，与公司内部及外部NGO 组织，建立合理有效的合作方式。

3. 舆情监测：负责公司舆情监测，对外媒体关系的维护以及协助危机公关的处理。

4. VI 管理：在日常监测中协助公司VI 系统的管理，保持对外视觉形象的统一，提升品牌VI 价值；对内对外发布信息的审核及优化；负责礼品等公司物料征订。

5. 完成领导交办的其他工作。

任职要求...查看全部

公关客户经理

职位详情

公关媒介代理商/服务商（乙方）

公关稿件撰写及发布 舆情监测及危机处理

竞品公关动态及策略制定 查看全部

岗位职责：

1、负责汽车行业公关内容传播、舆情生态运营项目的客户跟进；

2、针对竞品进行持续深入跟踪分析，对互联网新媒体保持足够的敏锐度，结合行业与社会热点及时发现新闻点，并及时完成策划撰稿；

3、审核并修改年度、月底计划和文案。参与服务客户年度公关热点营销策划及撰写工作；

4、根据整体媒体环境、客户行业特点、资本市场行情进行舆情分析；

5、对项目执行效果负责，协助客户总监在项目执行中管理客户关系，跟踪和处理客户意见和建议；

6、了解客户的详细需求，维系客户，及时反馈意见与建议给到部门及策划人员；

7、掌握团队工作进度以及方向，策划组织实施各类热点事件及执行方案；

任职要求：

1、大专及以上学历，3年以上工作经验；

2、具有一定的公关策划能力，有广告公司客户（AE）背

公关岗位介绍

由此，我们可梳理出公关的业务逻辑为：对内——内容制作、舆情分析与项目管理；对外——沟通维护。

因此，求职者可以将经历根据对内与对外两部分进行梳理，提取出其中和内容制作、舆情分析、项目管理和沟通维护相关的部分。同时，这个岗位的加分项包括竞品分析能力和设计能力等，可以在对应的版块中进行补充。

### 2. 定制简历的三大步骤

定制简历主要分为三个步骤：梳理业务逻辑、匹配现有经历、体现加分能力。

(1)梳理业务逻辑。

首先，求职者通过阅读目标岗位介绍，提炼出重点能力，如策划能

力、客户维护能力、数据分析能力等；然后阅读 5~10 个相似岗位介绍，补充其余能力；随后通过这些能力梳理出该岗位业务逻辑。比如下图策划岗位的业务逻辑是：前期(调研与策划案制作)→中期(策划及文案执行)→后期(数据分析与复盘)。

**职位详情**

互联网/科技　品牌合作　营销策划及执行

－岗位职责

1. 了解业务现状需求分析、市场调研，市场策略，输出基于市场策略的创意解决方案，包括核心创意概念等；
2. 在大型整合营销项目落地中，对营销策划与资源整合工作负责，并形成可持续运营的营销IP，包括但不限于需求收集、方案策划、玩法设计、资源整合、项目执行和沉淀优化；
3. 具备数据化的运营能力，基于数据分析和洞察，制定针对品类和人群的新增策略和传播方案；
4. 负责营销活动策划工作，包括相应的项目/活动策划、创意、传播、项目/活动线上页面以及线下活动的整合营销；

某策划岗位需求(**1**)

(2)匹配现有经历。

接下来，求职者把自己过往的工作经历填入业务逻辑框架。在填写的时候，注意列举细节和成果，如：“策划及文案执行——在职期间共负责 10 个核心创意提案的执行，其中获全国性奖项的有 6 个，整体客户满意度 95.5%。”

如果求职者的工作经历中缺失某种核心能力，可以通过业余实践、校园经历等补全，比如某求职者没有新媒体的运营经验，可以自己尝试开设社交媒体账号，在运营一段时间后补充成果。

(3)体现加分能力。

求职者可以在岗位要求中找到加分能力，在简历中予以强调。如下图的策划岗位，整合营销能力就是加分能力，求职者可以在自我描述一栏中写：“拥有4年以上抖音、快手、小红书等平台的整合营销经验。”

– 岗位要求

1. 逻辑思维能力强，善于总结经验沉淀，有体系化的传播和投放能力，能够整合各流量池资源，达成传播目标和新增目标。

2. 擅长营销策划，掌握在抖音、快手、小红书、微博等平台的整合传播经验，精通social传播、内容营销、娱乐营销；3年及以上营销相关经验优先。

3. 能够独立承担大型campaign策划与项目管理，敢于创新，积极乐观，具有大型项目实战操盘经验的优先。

4. 具备扎实的文案功底，能撰写打动人心的创意内容，也能从目标用户兴趣出发撰写新媒体软文、短视频脚本。

5. 需要有强大的沟通能力能够处理不明朗局面，梳理清晰的OKR。

某策划岗位需求（2）

下面，我会通过一个案例进一步说明：如何通过定制简历的方式，获得心仪的工作。

**案例**

**定制简历，帮助无管理经验的学妹收获管理Offer**

一次，学妹鱼包通过校友群找到我，希望我提供简历指导服务，岗位是某国际集团的采购部经理。咨询时，她问了我一个很有意思的问题：

“我之前没有管理经验怎么办？是不是应该现在开始看管理书？”

我笑了：“现在看可能来不及了。”

学妹：“据我所知，管理需要带团队、定绩效、做协调……可这些我都没做过啊。”

我：“每个公司对管理的要求不同，简历也需定制化。看看招聘公司对管理的要求是什么？”

仔细阅读岗位需求（见下图）后，我决定通过以下三个步骤帮助鱼包定制简历：梳理业务逻辑、匹配现有经历、体现加分能力。

任职资格：

1、本科及以上学历，相关专业优先；

2、3年及以上大型企业同岗位工作经验；

3、熟悉行政采购工作流程、企业资产管理工作；

4、良好的谈判与人际沟通能力，团队协作能力强、成本管控意识强；

5、工作积极主动、责任心强、良好的道德意识；

6、熟练使用办公软件和办公自动化设备。

工作职责：

1、根据相关部门业务需求，制定相应的采购计划；

2、负责及时制定采购合同并下达采购订单；

3、负责订单跟踪，确保物料及时交付并满足业务需求；

4、负责供应商管理，定期统计供应商的质量及交货绩效，定期对供应商进行考核；

5、每月定期与供应商对账，付款事宜；

6、协助制作成本数据分析；

7、相关活动项目的组织、筹备与配合工作；

8、公司交办的其他事项。

某招聘公司对采购经理岗位的需求

第一步是梳理业务逻辑。经过分析，我总结出该岗位的三大关键能力：理解业务目标、跨部门沟通和采购执行把控。

在此基础上，我提炼出该岗位的业务逻辑：前期（业务目标理解与拆解）→中期（采购执行把控及跨部门沟通）→后期（总结与复盘）。

第二步是匹配现有经历。我详细地了解了一下鱼包的过往经历，发现她有明显优势。比如她很擅长理解业务目标，不局限于对方提供的需求，而是主动挖掘业务背后的需求。有一回，她负责某重量级实验展会的筹办，对方提供的需求是“符合公司国际形象，有科技感”。在执行过程中，她发现宽泛的需求会对供应商报价造成很大难度，因为无法量化细节。于是，她主动做了市场调研，从地台的规格到展台板墙结构，每一项都做了横向对比。随后，她主动找了各供应商重新沟通需求，让他们根据细化后的方案再次报价，最终顺利选出两家合适的供应商。

再比如她有很强的跨背景的分析能力。那时，她刚到公司没几天，就被安排去工厂处理一个棘手的生产问题。当时现场有工人、技术部同事、业务部同事，每个人的背景都不一样，因为言语上的误解发生了争执。但她没有急着调解，而是问了大家十多个有针对性的问题，通过跨背景的解读能力，帮大家还原了这件事的全貌。最终她顺利让工厂同意了改工期的要求，为公司避免了由于延期所带来的损失。

又比如在采购细节的把控上，她特别擅长提炼自己的方法。为了降本，她会主动与供应商的不同部门沟通，了解真实的人力成本；她也会为一个新需求跑遍各类展会，反复体验和考察，了解市场的最新趋势。这些都预示着她能扮演好管理者的角色。

第三步是体现加分能力。比如鱼包的加分能力是"执行力强"，关于这个能力，还有一个故事：鱼包入职原公司没几天，当时的领导就因私人原因离职了，于是她一个人临时接下了整个部门的工作。那时，她主要面临两个核心难点：

(1)经常面临多任务进行的情况，需要快速排出优先级；

(2)团队局面没有打开，需要她主动驱动打开局面。

在这样的情况下，她快速确定了"作战行动"：

(1)设计了部门工作表，按照 p0~p5 的优先级为部门工作排序，提供可视化在线文档，监测每位团队成员的工作完成情况；

(2)设立项目启动会机制，邀请各部门关键同事参加，遇到重要项目，每日早晚两次汇总进展；

(3)通过邮件及时共享战绩，鼓舞团队士气。

最终，她成功完成了这段时间的过渡，在她任职期间，团队经历了多个高压项目，但没有一个人因此离职，所有人都出色地完成了工作。

后来，鱼包通过定制简历和面试的出色表现，顺利拿下了该国际采购部的管理岗位，她对我表达了感激，我说："恭喜你。我觉得你本来就是位好领导。"

---

### 3. 定制简历的三个误区

在简历辅导的过程中，我发现求职者有三个常见误区。它们分别是：经历重复、描述空洞和优先级缺失。

（1）经历重复。

有些求职者的简历洋洋洒洒写了三四页，仔细看却发现有大量重复经历。比如应聘财务经理的岗位，某求职者每段经历都会写上财务报表制作、物资采购、发票整理等工作，这非但不能强调自己的优势，还会给人事部造成阅读负担，从而可能忽略了求职者的某些重要能力。

建议的解决方案是：挑选一段较新的经历，将这些工作详细完整地写一遍，然后在其他工作中补充其余的能力，如财务软件的运用能力、跨部门的沟通能力等。

（2）描述空洞。

求职者把工作经历当作岗位描述，只列举职责，不列举相关细节和成果，比如应聘策划岗位的时候这样写："①负责策划案的撰写；②负责策划案的执行；③负责项目复盘与数据分析"，这样会造成描述空洞，让人事部怀疑求职者没有真正深度参与工作。

建议的解决方案是：挑选重点的岗位职责，针对细节和成果进行展开描述。需要注意的是，不能盲目列举无足轻重的细节，如应聘财务经理岗位时这样写："3 年整理发票 3 000 余张"，会给人事部留下求职者无重点把控能力的印象。

(3)优先级缺失。

求职者一般习惯于根据自己的工作顺序撰写简历,如某财务经理的工作顺序是:月初采购物资、月中开始制作报表、月底整理发票,但如果他按照这个顺序撰写简历,而新岗位需要的核心能力是报表制作,人事部就可能会忽略重点。

建议的解决方案是:先根据岗位介绍排出职责的优先级,再进行简历制作。比如该财务经理就可以把制作报表的经历放在最前面。

通过定制简历,求职者可以在初筛阶段提高岗位匹配度,从而提高录取的概率。下一节,我们会学习如何定制面试时的自我介绍。

### 思考题

1. 小王想应聘某公司的策划岗位,该岗位需要跨部门的沟通经验,但小王之前没有社会工作经验,他该如何在简历中体现这个能力?请结合“业余实践补全经历”的方法进行思考。

2. 如果你的工作技能相比其他竞争者没有优势,如何让自己脱颖而出?请结合“体现加分能力”进行思考。

### 3.2.2 定制自我介绍:从雇主角度审视自己

在我担任面试官期间,常常会听到这样两种不太合理的自我介绍:

第一种过于简略。求职者只介绍自己的姓名、背景信息,简单地说一下工作经历便结束了,因此无法给面试官留下深刻印象。

第二种过于冗长。求职者往往滔滔不绝地介绍10分钟以上,从校园经历到每一份工作的细节,再到所获奖项,让面试官没有打断的空间,从而问出真正想要了解的问题。

这两种自我介绍(见下图)其实都犯了同一个错误:没有从招聘者的角度审视自己,从而不能针对性地展现自己的价值。

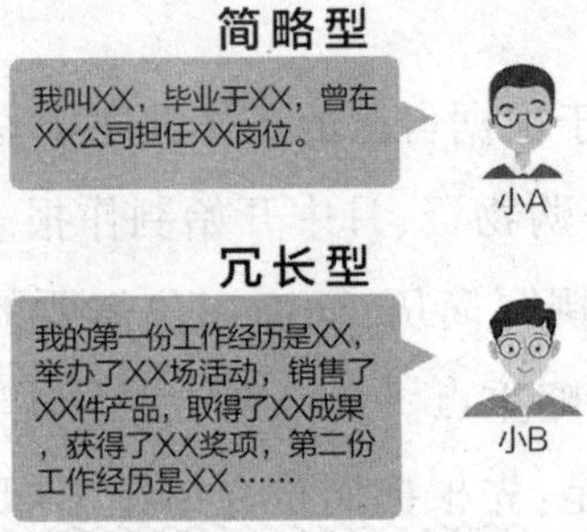


常见的自我介绍误区

1. 可能决定命运的三分钟

自我介绍一般要求在三分钟以内。三分钟说长不长，说短不短，却很多时候决定了求职者的录取结果。为什么呢？主要原因有三个：

第一，面试官会从自我介绍判断求职者的兴趣程度。第一种情况，如果一位求职者在自我介绍环节没做准备，寥寥数语就结束，那面试官很可能判定他对这个岗位没太大兴趣。第二种情况，求职者虽然听起来准备充足，但话题始终围绕自身，未提及与目标岗位的关系，也会判定为兴趣不足。

第二，面试官会从求职者的自我介绍中判断求职者的匹配度。当求职者讲述自己的经历时，面试官会从关键词快速判断求职者是否适合。当求职者讲述完毕，面试官会在心里默默给求职者与岗位的匹配度打分，而之后的问题也是为了验证之前判断的准确性。

第三，面试官会从求职者的自我介绍中比较求职者的优势。有些求职者可能各方面已经说得很完善了，但依然没有被录取，很可能是因为其他竞争者有过人的优势。比如某位求职者竞聘新媒体编辑岗位，其竞争者是该行业有10万+粉丝的创作者，后者可能有先决优势。

那么，如何把握好这宝贵的三分钟，将自己的价值尽可能被感知呢？

2. 自我介绍三步走

这里建议求职者通过三个步骤来打造自己定制化的自我介绍，它们分别是阐述原因、强调匹配和突显优势。

(1)阐述原因。

在介绍完基本信息之后,很多求职者会直接开始介绍工作经历,但他们往往会忽略一点:面试官想了解求职者应聘这个岗位的原因。举个例子,我曾招聘过抖音导演这个岗位,很多求职者都会侃侃而谈自己是个如何出色的导演,却没有提及自己应聘的为何是抖音导演,而不是其他导演,这时我就想了解他们为什么要应聘这个岗位。

那如何阐述原因才最合理呢?"我对该岗位有兴趣,想要尝试"可能是一个原因,但不够有说服力,面试官可能想知道求职者在该领域有什么经验或技能。比如应聘抖音导演,求职者可以这样说:"虽然我之前没有抖音导演的经验,但我系统研究过抖音视频的特点,还自学了与抖音相关的剪辑软件,觉得很有趣,因此应聘了该岗位。"

(2)强调匹配。

按时间顺序阐述工作经历可能是一种选择,但求职者也可以根据岗位需要突出重点。比如在应聘抖音导演的时候,求职者可以这样说:"我最新的一段工作经历是和抖音有关,担任了一年的短视频导演。之前也做过几份与导演相关的工作,磨炼了我的镜头感。"

以下几种方式可以突出求职者的匹配度。

①调整优先级:将与目标岗位相关的经历调整到前面;

②突出关键词:比如应聘抖音导演,突出"抖音"和"导演"两个关键词;

③调整详略:详述与岗位相关经历,弱化与岗位无关的经历。

(3)突显优势。

求职者还需要简述自己具有其他人可能无法取代的优势,以方便面试官快速作出判断。比如之前的经历十分类似、上手快等。

以下几点可能成为求职者的独特优势:

①拥有与岗位相关的独特资源;

②获得过行业的相关奖项；

③在某领域有一定知名度；

④具备超越其他求职者的技能。

下面，我会通过一个案例告诉大家，如何通过定制自我介绍，提高自己和岗位的匹配度。

## 案例

**定制自我介绍，求职者大幅度转行成功**

知乎网友猴子找到我，说他想要应聘一份会展执行（岗位详情如下图）的工作。我问他之前的工作是什么？他回答：导游。

**职位详情**

活动策划乙方公司　艺术/文化展　政府/企业展厅

外展工厂资源

职位描述：执行采买岗位（国外展会供应商资源）

1.负责整个展览项目的进程（前期、中期、后期）与供应商沟通；

2.负责对项目进行统筹和管理，保证公司项目的顺利进行；

3.负责推动协调各关联团队工作，把控项目进度、质量、风险、沟通及人力配置；

4.负责统筹协调各方资源，有效解决项目遇到的资源问题、进度问题、开发问题；

5.负责将项目管理相关专业知识，经验和技能标准化，体系化；

6.负责根据团队人员和项目情况，动态进行人力配置，确保有效地支撑项目；

7.精通会展材料，懂得如何节省成本，现场项目管理执行，有一定的工厂资源。

某会展执行的岗位需求

这是一次大幅度转行，如果根据常规思路去准备自我介绍，成功的可能性微乎其微。因此，我想了一个办法，让他用“VIP 法则”来定制自我介绍。

第一步是阐述原因。

我问猴子：“为什么想要应聘会展执行的岗位？”

他回答：“主要有两个原因。第一，我在担任导游期间，曾临时负责某会展的布置讲解工作，培养了对会展执行的兴趣；第二，导游工作需要规划行程、接待游客、处理突发情况，这与会展执行有共通之处。”

第二步是强调匹配。

首先，会展执行需要有强大的计划安排能力，求职者需要根据会展的时间、地点、人数，针对性地安排活动内容，这和导游的工作十分相似，因为导游也需要规划旅游的行程。有时候，还需要应对一些突发状况，比如突如其来的坏天气，或者游客突然中暑等，这就需要导游有做 b 计划、c 计划的能力。如果一个方案不行，马上可以想到替代方案。

于是，我建议猴子这样说：

“我拥有会展执行所需的计划安排能力：负责旅行计划的制订和执行，并能在遇到突发状况的情况下，快速找到替代方案。”

这就相当于给面试官吃了一颗定心丸：如果在会展执行时遇到一些突发状况，求职者也可以从容应对，找到方法解决。

其次，会展执行需要有出色的沟通能力，包括与主办方、供应商的沟通等，这也和导游的工作有类似之处，因为身为一名导游，需要负责旅行各环节的沟通，比如组团社和接待社之间的沟通，这就需要导游有良好的情商，可以平衡好不同的关系。

因此，我建议猴子这样说：

“我拥有会展执行所需的沟通协调能力：负责组团社和各地接待社之间的沟通工作，衔接好旅行中的各环节，并在此过程中培养了出色的情商。”

这一定能让面试官眼前一亮，因为会展执行做好的关键，就是把控好细节，而细节需要各方的密切配合。一位高情商的会展执行者可以省去不少沟通成本。

最后，会展执行需要优秀的接待能力，求职者需要接待前来参展的重要嘉宾、客户等，这时候接待游客的经验就派上了用场，导游的拿手绝活就是出色的口才，能通过短短几句话就把人吸引住。

所以，我建议猴子这样说：

“我拥有会展执行所需的接待能力：根据旅行社的安排接待游客，介绍旅行项目，解答游客问题，能通过三句话快速抓住游客的注意力。”

这里，我用了一个小小的技巧，那就是列举了一个具体的场景，这样的好处是使讲述的内容更生动，能快速提起面试官的兴趣。

第三步是突显优势。

我注意到风险把控能力是很多会展执行者所欠缺的，这需要会展执行者能清晰地洞察到会展的各环节可能会出现的风险，比如财物被盗、展品遗失等，这和导游工作也有类似之处，因为导游也需要保护好游客的财产和人身安全。

因此，我建议猴子这样说：

“我认为自己的优势是：拥有会展执行所需的风险把控能力，作为导游，我需要在旅行中保护游客的人身、财物安全，在我就职三年内维持安全事故0起的记录。”

这里，我又用了一个技巧，那就是列举数字，这样可以让面试官对求职者的能力产生非常直观的印象。

就这样，猴子通过阐述原因、强调匹配、突显优势的方法，成功通过了会展执行的面试。

### 3. 自我介绍的加分技巧

如何给自我介绍加分？我的建议是把握好三个“点”，即惊奇点、趣味点、悬念点。

(1)惊奇点。

在作自我介绍时，求职者可以列举一些他人难以完成的案例，以增加面试官的兴趣。比如说：“我曾凭借出色的谈判能力，将一个50万元的单子，顺利谈到120万元，想知道我是怎么做的吗？”

在阐述惊奇点时，不用急着解释自己是如何做到的，让面试官来追问，这样的好处是引发互动，从而进入更深层次的沟通。

(2)趣味点。

面试有时是枯燥的，但主动分享一些与自己有关的趣味细节，可增加面试官对求职者的记忆度。比如在应聘编剧时可以说：“上一次面试中，我说自己的业余爱好是写剧本，结果面试官不相信，不过我确实很擅长并喜欢写剧本。”

趣味点需要和目标岗位有关，或体现自己积极的品格。比如求职者名字里有生僻字，可以这样说：“面试时，经常会遇到面试官叫不出我名字的情况，所以我特意在简历上标注了拼音。”这个例子体现了求职者有换位思考的能力。

(3)悬念点。

求职者可以设置一些与自己相关的悬念，吸引面试官往下听。比如在应聘文案时可以说：“我有三个快速创作让客户满意的文案的技巧，如果您感兴趣可以听我说说。”

这样的好处是，将面试的主动权掌握在自己的手中，避免面试官询问不到重点的情况。

## 思考题

1. 如何避免求职者在作自我介绍时说不满 3 分钟？请结合“阐述原因、强调匹配、突显优势”进行思考。

2. 如果求职者有一段经历特别突出，但很占用自我介绍的时间，如何勾起面试官的兴趣？请结合“悬念点”进行思考。

扫码看视频

### 3.2.3 定制求职信：展现你的诚意

部分单位在招聘时，除了需要求职者的简历以外，还需要求职者附上求职信。这类单位包括但不局限于：

(1)需要了解求职者思想品质的单位。

除了知识与技能之外，单位还需要了解求职者的应聘动机、思想面貌等，这些素质在简历中无法很好地体现，需要通过求职信说明。

(2)部分外企。

在部分外企求职时，求职者也需要附上求职信。主要作用是帮助雇主了解自己和岗位的匹配度以及选择自己的原因。

(3)其他有求职信传统的单位。

人事部需要通过求职信来了解求职者的意愿、相关特质以及对岗位的理解等。

很多求职者很容易把求职信写成简历的书信版，重复简历中提到的个人信息、工作经历。这其实反映了他们不理解求职信的本质。那么求职信的本质是什么呢？

#### 1. 求职信，是简历的拓展

既然面试时已经要求求职者提交简历了，为什么还需要附上求职信呢？

因为求职信是简历的拓展，体现的是求职者的诚意，它主要解答的是以下三个问题：

(1)求职者对岗位是如何理解的？

求职者对岗位的理解具体包括求职者对行业及工作内容的理解、如何看待岗位所在公司、如何看待行业前景等，这些信息反映了求职者投递简历的原因及意愿。

很多求职者在Why you(为什么选择目标岗位)的部分，常常会花大篇幅文字来夸奖目标公司在行业内的地位高，自己又是该公司产品的深度用户等，但却没提及自己可以为公司带来何种贡献。建议的解决方案是：将自己的价值与岗位理解相结合，如“在我看来，公司的行业地位很高，但某产品还处于起步阶段，我愿意以我的专业知识带领产品走向成熟”。

(2)求职者为该岗位做了哪些准备？

求职者为该岗位作的准备具体包括求职者了解了哪些行业信息、岗位信息、专业知识等，这可以突出求职者投递岗位是出于深思熟虑，而非一时兴起。

在阐述自己做的准备时，求职者不能泛泛而谈，如：“我了解了该行业的很多信息，培养了大量与岗位相关的技能。”这样会显示出求职者诚意不足。建议的做法是：具体说出自己准备的内容以及相应的收获，下图这个案例为应聘抖音导演这个岗位的不同说法。

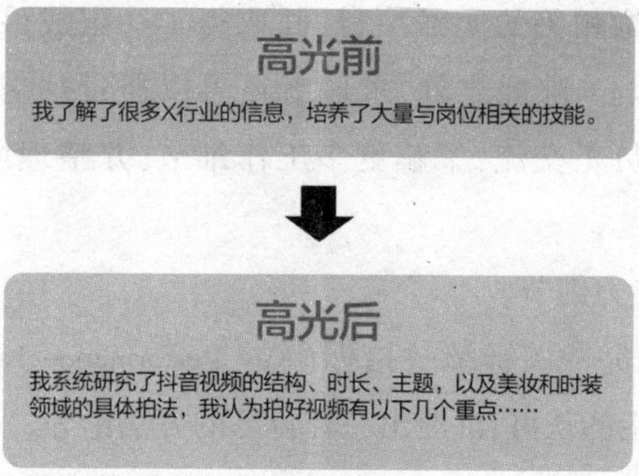


优化前后对比

(3)有哪些具体的细节可证明求职者能胜任该岗位的能力？

求职者可以证明能胜任该岗位的细节具体包括：求职者在工作中体现出的思维方法、他人的证言等，可以证明简历上的能力可以复用到新岗位。

在应聘之前，建议请之前的领导或同事写一封推荐信，附在求职信中，也可以引用他人的评价并请相关人士签名，以增加求职信的含金量。

2. 定制求职信，四个"体现"帮你展现诚意

如何写好一封求职信呢？这里建议使用四个"体现"，即体现岗位理解、体现求职准备、体现能力细节、体现可信证明。

(1)体现岗位理解。

在讲述完个人信息与应聘岗位之后，求职者可以用自己的语言对岗位的理解进行总结，并对一些关键点展开描述，如"我认为做好咨询工作需要以下三种能力，包括××、××和××。"如果求职者认真研读了岗位要求，并产生了一些独到性的见解，会给求职信加分。

(2)体现求职准备。

在说完岗位理解之后，求职者可以进一步阐述为应聘这个岗位做了哪些准备，包括开展了哪些学习，做了哪些工作等，如果求职者已经参加过与岗位相关的实践项目，并取得了一定成果，会对求职信产生积极的影响。除此之外，求职者还可以通过社交平台，与已在该公司工作的员工交流，了解更多工作细节，并整理成自己的文字表述出来。

(3)体现能力细节。

比如：超额完成关键绩效指标(Key Performance Indicator，KPI)，得到了专业人士的认可，沉淀出一套自己的方法论等。

在展现能力细节时，可以通过列举数字、展现成果等方式，增强求

职者胜任该岗位的能力的说服力。

(4)体现可信证明。

在求职信的最后,可附上他人证明,具体讲述与求职者共事的感受、细节、经历等,增加求职信的感染力。

下面,我会通过一个具体的案例来说明,如何通过四个“体现”定制求职信。

**案例**

**定制求职信,无背景新人敲开知名咨询公司大门**

咨询行业,一向以高门槛著称。竞争者大多是海归留学生或者有经验人士。没有相关背景的人,进入咨询行业是非常困难的。而我的一位客户小郭——一位没有留学背景和相关经验的应届生,却成功入职了行业内的知名咨询公司。他是怎么做到的呢?

答案是,凭借一封求职信。

小郭毕业于国内某普通本科大学,大学期间除了担任班长以外,没有其他亮眼的经历。在某医疗行业外企实习,做的是和咨询没太大关系的工作:商务管培生。他找到我,希望我给他提供面试辅导,帮助他进入一家心仪已久的咨询公司(职位描述见下图)。

想要通过既有经历与其他人竞争,看起来胜算不大。于是我问小郭,为什么想进入咨询行业。

他说,因为大二时,有一个咨询公司的校招团队来他们学校演讲。通过这次活动,他结识了几位优秀的咨询人士,也对咨询产生了强烈的好奇。在他看来,用数据来驱动决策,最终帮助公司取得业绩增长,是一件非常有意思的事情。

顿时,我灵光一现,既然他对咨询行业抱有如此热情,不如让他写一封求职信,用四个“体现”来展现他对咨询行业的兴趣,即体现岗位理

**职位描述**

1.项目售前：负责重大客户的需求跟进，理解客户需求，撰写项目建议书；
2.项目管理：全面把控咨询项目管控，包括但不限于项目设计、范围界定、核心观点输出、质量保障、项目结项汇报及后期维护等，保证项目按期、高质量交付；
3.知识分享：不定期组织内部交流，总结并分享行业知识，项目经验，思考心得等，促进团队共同成长。
任职要求：
1.本科及以上学历，管理类、统计类专业优先；
2.3年及以上管理咨询工作经验，有独立BD项目的能力，主导过至少1个以上战略规划类项目和3个以上管理、营销、专项等相关案例项目的执行和交付；
3.熟练运用麦肯锡咨询方法论；
4.熟练掌握诸如NPS等用户洞察等常用研究方法（包括但不限于定量、定性研究、焦点小组、样本问卷调研）；
5.优秀的沟通表达能力，良好的项目管理能力，对项目质量有较高要求。

某咨询行业的岗位需求

解，体现求职准备，体现能力细节，体现可信证明，从而打动面试官。

第一步是体现岗位理解。

小郭求职信的第一个版块是“Why Consulting”（为什么是咨询）。在这个版块中，我建议他这样写：“我第一次与咨询结缘，是在大二时，有一个行业顶尖的咨询团队来我们公司演讲。期间，我结识了几位咨询行业的精英，也了解到作为一个咨询工作者的日常。我渐渐觉得通过数据分析来驱动企业的创新与转型，是一件非常有趣的事。也是从那时起，我决定进入咨询行业。”

在求职信的开篇，用自己的语言为岗位做一个定义，是非常推荐的做法。比如，“通过数据分析来驱动企业的创新与转型”，就是小郭对咨询岗位做的定义。它可以帮助面试官了解你应聘这份工作的动机。

第二步是体现求职准备。

小郭求职信的第二个版块是“Got Prepared”（我做了哪些准备）。在这部分，我建议小郭提及自己在外企做商务管培生的经历。当时，他的主要职责是走访一些医院，做一些商务调研。在这个过程中，他培养了一名咨询工作者所必需的分析能力。在调研中他发现：设备的使用率和成本回收率，对一家医院的盈利有着非常重要的作用。他通过这些洞察，帮助医院实现了良好的销售增长。这段生涯可看作小郭入职咨询行业前的准备。

第三步是体现能力细节。

小郭求职信的第三个版块是“Consulting-Related Characteristics”（与咨询有关的特质）。在这个版块，小郭列举了一些自己拥有的和咨询相关的能力，比如具有系统性的思考能力、责任心等。这时候，小郭大学任班长的经历就帮上忙了。在担任班长期间，小郭曾做过一个校规修改的项目，这个项目得到了校长的认可。“得到校长认可”就是一个能力细节。

第四步是体现可信证明。

小郭求职信的最后一个版块是“Comments”（相关同事评价）。我建议小郭找他实习公司的同事，为他的能力做一个证明。其中一位同事这样写道：“很少有人能做到将顶尖的专业知识在工作中出色运用，而小郭是这很少数中的一位！”这份证明提升了求职信的可信度。

最后，小郭凭借着出色的求职信，顺利拿到了行业内知名咨询公司的Offer。作为一个无背景的新人，这样的成绩确实令人激动，也从侧面印证了一个事实：如果一个人能讲好自己的“入职故事”，让面试官产生共情，也有机会进入心仪的公司。

### 3. 求职信的加分技巧

写求职信时也有加分技巧。分别是单刀直入、引用在职体验和列举岗位细节。

(1)单刀直入。

在求职信的开头，求职者不需阐述过多不相关内容，如应聘该岗位有多荣幸等，而应当单起一段，开门见山地报上自己的姓名，以及应聘岗位的名称。如果求职者应聘的是岗位下的某项目，还应写清楚项目的名称。因为面试官每天可能需要阅读大量求职信，这样做可以节省面试官的时间。

(2)引用在职体验。

求职者还可以到企业的社交账号上，收集在职员工的工作体验，并具体阐述自己的感受。比如求职者可以这样说："我留意到在社交平台上，6 名员工都说公司很注重新人培养，这一点触动了我，我是一个很喜欢挑战的人，曾有过实习期间成为小组销售冠军的经历，相信贵公司的环境很适合我的发展。"

(3)列举岗位细节。

求职者如果能注意到岗位的一些细节，并针对性地列举优势，也能为自己加分。比如某市场岗位需要与医生沟通，求职者可以列举自己与医生打交道的经历，或者参与过的医学相关项目。如没有，可先收集医生相关洞察，再附上结论，如："通过调研发现，医生的背景对读者的影响很大，因此宣传时要注意树立权威人设。"

通过上述的定制求职信技巧，求职者可以突出自己的诚意，在众多竞争者中脱颖而出。下一小节，我会和大家聊聊如何通过定制面试作品，提升与岗位的匹配度。

## 思考题

1. 如果自己过去的经历并不突出，如何通过求职信突显优势？请结合"体现岗位理解，体现求职准备，体现能力细节，体现可信证明"进行思考。

2. 有些人会在求职信的开头，写很多夸奖目标公司的内容，这样做有什么不好的地方？请结合“单刀直入”进行思考。

### 3.2.4 定制面试作品：提升岗位匹配度

在了解完基本情况后，面试官往往会问一个问题：“如果你面试成功，准备如何开展工作呢？”

如果求职者没有相关经验，该怎么回答这个问题呢？这时候，有心的求职者就会拿出事先准备的面试作品，提升与岗位的匹配度。

1. 面试作品，为求职者争取更多机会

面试作品主要分两种：既有作品以及定制作品。

既有作品一般是企业要求携带的，比如创意策划、视频剪辑等创意类岗位，会被要求携带之前的作品。但既有作品往往不能百分百地与目标岗位的要求匹配，且由于竞争对手可能来自知名度更高的公司，普通求职者的作品可能失去竞争力。

在这种情况下，部分求职者会定制面试作品，即根据岗位要求，通过网上获取的公开信息，准备面试作品。定制面试作品的好处主要有以下三个：

(1)突破背景限制。

在获得定制化作品之后，企业可以根据实力评判求职者，而非局限于求职者的背景。

(2)更好地展现对岗位的理解。

定制面试作品能反映求职者对岗位的理解。如岗位的要求是：制订年轻一代喜欢的创意，那么与其花大量时间说明什么创意更符合年轻一代的喜好，不如直接定制3~5个例子进行说明。在准备作品的过程中，不需要准备成非常完备的PPT，也可以使用思维导图等方式，简要阐述自己的观点。

(3)更好地展现自己的思维方式。

相比既有作品，定制作品更能展现可复用的思维方式。因为过去的作品可能包含团队其他成员的贡献，但定制作品能更好地展现个人的实力。

那么，求职者应当如何准备自己的定制作品呢？

2. 定制面试作品，用实力说话

求职者可以通过以下三个步骤，定制自己的面试作品：了解公允标准、执行关键守则、获得专业指导。

(1)了解公允标准。

求职者需要了解该行业内公认的评判标准。比如评判创意策划的标准是逻辑清晰，符合公司调性和要求，以及创意可以落地。定制作品不一定需要做到百分百专业，但了解公允标准可以帮助求职者在正确的方向上前进。

(2)执行关键守则。

求职者定制作品时，需遵守行业内的关键守则。如导演拍摄面试作品时，在无特殊情况下需要做到不越轴、焦距对准等。求职者可以在行业论坛、专业入门视频中找到这些关键守则。

(3)获得专业指导。

在以上两点的基础上，求职者还可以将面试作品展示给身边的专业人士看，请他们提出改进建议。如不确定其他人提出的建议是否正确，可以将作品发给不同的人看，然后总结出共性的建议。

下面，我通过一个职场新人通过作品弥补经历缺失，顺利被外企录取的案例，来进一步说明如何定制面试作品。

## 案例

### 帮小白进外企：用定制作品打败竞争对手

求职者安妮通过社交平台找到我，说收到了一家外企的面试通知，岗位是市场策划。

“我没有行业相关经验，他们会录用我吗？”她问。

我说：“他们既然选择了你，说明暂时还没有其他人比你优秀，你只要比其他竞争者表现出色就行了。”

“具体怎么做？”

“为他们定制一份市场方案，详细展现你在担任市场策划后，会如何开展工作。”

该外企是一家啤酒公司，安妮面试的岗位（见下图），负责的是一款主打轻松基调的果啤产品Summer（化名）。

**职位描述**

岗位职责：

1. 为了推动销量增长，完成区域层面的执行计划，并制定主题和特定市场活动，组织实施当地的渠道营销计划；
2. 为了使市场费用有效合理的使用，对各销售大区的费用进行预算、预估，并对各项费用进行对比分析；
3. 为了使活动效果最大化，配合品牌活动执行，在各渠道组织实施做好品牌活动推广宣传；
4. 为了推动生意的成长，定期收集、整理、分析市场信息，了解市场趋势，机会点及竞争情况，制订符合品牌和产品组合策略的新产品上市计划；
5. 管理区域促销团队，制定考核制度，系统管理促销团队日常工作并达成每月目标；
6. 制订生动化物料及冰柜订购计划，定期追踪区域生动化及冰柜使用情况，建立冰柜档案库，定期向总部汇报；
7. 本地品牌产品包装物管理及优化，制定合理的产品策略。

某市场策划的岗位需求

这款产品主要针对的是年轻的上班族人群，尤其是女性。

由于她之前无行业经验，我建议她定制一份面试作品。

第一步是了解公允标准。

近几年，越来越多的品牌开始向年轻化转型。他们不再执着于传统的品牌竞争，而是用年轻人的语言，真正和他们“对话”。比如某主打土鸡的连锁快餐品牌，甚至每周固定有几条动态是“咯咯咯咯哒”。这种无厘头的互动方式居然受到了客户的热烈追捧。

是否善于以年轻化的方式与消费者沟通，就是近年来评判策划的标准之一。

第二步是执行关键守则。

经过短暂的讨论，我们总结出以下关键守则：受众第一、创意有效、细节创新。

第一条关键守则是受众第一，就是一切以目标受众的感受优先。比如该品牌的受众是年轻人，主打轻松的饮酒文化，所以，与其板起脸告诉他们我们是谁，不如和受众“玩”到一起，让他们在互动中感知品牌文化。于是我问安妮：

“夏日(Summer)、轻松、年轻人，你第一想到的是什么？”

“球场。”她想也没想就回答。

她开始回忆自己大学时为了追求一位学长，每天去球场给他送水的场景。“他是校园明星，我是啦啦队，当时我最大的愿望，就是他能在人群中一眼注意到我。”

那一瞬间，我们同时想到：“啦啦队，对！就是这个 idea！”

第二条关键守则是创意有效。该品牌刚刚进入市场，前期粉丝量积累还不大，目前最迫切的是开展大规模拉新，吸引到第一批种子用户。

大规模拉新，关键在于“拉”。不如就设计一个游戏机制，每个人可以拉 10 名朋友当自己的“啦啦队”，为自己在线争取优惠，争取到优惠力度最大的朋友，还可以获得额外奖励，并把这份荣誉分享到朋友圈：

"我是Summer某某(朋友姓名)阵营啦啦队队长,为ta争取到××战斗值,你也来试一下!"

成为最亮眼的啦啦队队长,不恰恰是很多女孩内心深处的梦想吗?这一定能引发很多有效转发,实现拉新目标。

第三条关键守则是细节创新。安妮根据这个思路,细化了一下策划方案,包括具体机制、玩法、优惠等。除此之外,她还加入了一些额外"福利"。比如抽到一些稀缺卡,可以解锁和帅气学长的特别剧情,虽然只是几秒钟的动画,但写得很有趣。

第三步是获得专业指导。

安妮找自己在创意热店工作的学姐看了一下方案,并得到了一些专业建议,如H5创意具体能否实现等。

最终,安妮凭借这份方案,打败了其他有经验的求职者,顺利拿下了该外企市场部策划的Offer。

### 3. 如何让面试作品更具竞争力

在定制面试作品时,由于不清楚其他竞争者的水平,求职者往往不知道如何取胜,但依旧有一些方法能保证自己的竞争力。它们分别是提出独创观点、优化展示体验和注意关键细节。

(1)提出独创观点。

专业性的比拼可能很难分出谁优谁劣,但若能提出独创观点,就能让面试官对求职者留下深刻印象。

比如我在面试某外企的市场部主管岗位时,我的竞争者大多是在知名公司工作过、具有丰富经验的管理者,我当时的判断是如果采用各种常规方式,他们肯定比我更胜一筹,于是我创意性地从论坛营销的方向切入,和面试官分享了我早年在某社交平台教"宅男"提高社交能力,最后积累大批粉丝的经历,并提出独创性观点:"想占领年轻人的心智，关键要从他们接受的方式入手。而素人证言恰恰是他们信赖的方式，通过在论坛上发布大量素人证言，可以为品牌积累大量年轻粉丝。”最后，我凭借独创性观点顺利拿到了 Offer。

找到自己擅长的领域，并从该领域找到很好的解决方案，可以提升求职者的竞争力。

（2）优化展示体验。

很多求职者的面试作品虽然很不错，但在具体讲述时，却无法把握重点，导致面试官对求职者的印象不深。想要在众多竞争者中获胜，求职者应当优化作品的展示体验。比如在讲述策划案时，求职者可以先用 50 字以内的语言，总结一下方案的主题和亮点，再开始展示，方便面试官理解。再比如，求职者可以将策划案打印出来，分发给在场每一位面试官，保证所有人都有较好的观看体验。

（3）注意关键细节。

求职者可以将面试作品中重要的部分标黑加粗，方便阅读。如果面试作品是 PPT 形式，还可以用圈和箭头突出每一页上重点展示的部分。因为面试时间有限，面试官不可能仔细阅读作品中的每一个字，清晰的重点能帮助面试官进行记忆。

通过定制面试作品，求职者可以更好地用自己的实力说话，提升与岗位的匹配度。下一小节，我们开启 VIP 法则的最后一个重要技巧：定制工作计划。

## 思考题

1. 如果面试官因为你没有相关经验质疑你的专业性，如何通过面试作品打消他的疑虑？请结合“了解公允标准、执行关键守则、获得专业指导”进行思考。

扫码看视频

2. 在竞争激烈的情况下，如何让自己的面试作品脱颖而出？请结合“提出独创观点、优化展示体验、注意关键细节”进行思考。

### 3.2.5 定制工作计划：体现细节思考

在提供面试作品后，面试官还想进一步了解求职者具体会如何开展工作。下图中是三位求职者的工作计划，如果你是面试官，会倾向于录取哪一位呢？

三位求职者的回答对比

答案可能是小C，因为他是根据目标来确定计划，并体现了对细节的思考。而另外两名求职者虽然给出了具体数据，却没有说明得出这些数据的依据，不容易令人信服。

#### 1. 工作计划，是为目标服务的

具体步骤虽然重要，但如果目标发生了偏离，工作计划也就没有价值可言。一般而言，面试官会通过以下三点来评判求职者的工作计划。

(1)目标是否合适。

目标是否合适的内容包括目标是否符合公司所处的阶段、战略业务方向等。比如公司正处于起步阶段，此时的重要任务之一是大规模拉新，

那公众号编辑岗位的工作重点,就是为公众号吸引粉丝而非进行转化。

(2)计划是否能实现目标。

如果计划只是机械化地拆解目标,如把吸引5 000粉丝的目标拆解成每个月吸引1 000粉丝,持续5个月,那无法真正让人信服。好计划的每一步都有一定的依据,且如果执行效果不佳,会有备选方案。

(3)有无备选计划。

制订备选计划的关键是围绕工作重点展开。比如运营公众号的两大重点是吸引粉丝与转化,那备选计划也要围绕这两点进行展开,而对于美化等其他细节,不需花费太多笔墨。

通过以上三点,面试官能对求职者的细节思考能力有一个初步的判断。

### 2. 通过三个步骤定制工作计划

在确保目标无误的情况下,建议根据以下步骤展开工作计划:确定关键能力、发掘差异优势、创造岗位关联。

(1)确定关键能力。

首先,求职者需要阅读岗位介绍,然后提炼出岗位需要的关键能力,在此基础上制订工作计划。比如客户经理需要的关键能力是积累客户资源,并实现客户转化,求职者可以从这两点出发制订计划。

(2)发掘差异优势。

在此基础上,求职者挖掘出自己特别的优势,有针对性地开展工作。比如求职者与各平台的头部创作者有着密切的关系,可以借助他们打开客户渠道。

(3)创造岗位关联。

求职者把自己的差异优势与岗位进行深度结合,针对性地定制工作计划。

接下来,请看一个案例。

## 案例

**定制工作计划，助力知名媒体平台副总转行投资人**

“你对中年危机这个问题怎么看？”

某个下雨的周三夜晚，资深媒体人莱西这样问我。

莱西是国内某知名媒体平台的副总，有17年的工作经验，他来找我的目的，是希望在40岁前，转行到心之向往的私募行业（职位描述见下图）。

**职位详情**

产业投资

方向：人工智能、企服Saas、医药健康、数字文体、芯片、互联网、大消费等

岗位职责：

1.对关注的目标行业进行持续研究，撰写相关行业研究分析报告，梳理行业投资机会，挖掘行业优质项目；

2.配合参与拟投资项目的预研、立项、尽调、谈判及投资决策，包括不限于：细分行业研究、调研访谈、资料收集与整理、财务模型、协助撰写项目报告等；

3.协助团队完成其他工作。

职位要求：

1.生物医药、计算机、自动化、金融、经济等专业背景硕士及以上学历，具备行业复合背景；优秀者木科也可以；

2.对生物医药或航天产业浓厚的兴趣，有较强的信息搜集能力和数据处理能力，以及独立的行业研究能力；

3.具有金融、投资、咨询等相关行业一年或以上工作经验，熟悉股权投资项目运作流程，能承担项目对接、尽职调查等工作；

4.热爱投资行业，乐观积极、踏实勤奋、为人正直，具备良好的沟通能力和团队协作能力，能够承受较高强度的工作，能够接受长期出差。

某投资经理岗位需求

我没有经历过中年危机，但我决心帮他实现他的梦想。

他的简历亮点十足，运营过多个国家级重点项目，在各行各业都有核心资源，有创业经历。这份简历如果投到任何一家知名媒体，都可以获得一份出色的工作。但问题是，他要进入的是私募领域，这样的简历就缺乏一些针对性了。

因此，我打算和他一起定制一份工作计划，帮助他顺利转行，具体包括以下三个步骤：确定关键能力、发掘差异优势、创造岗位关联。

第一步是确定关键能力。

通过阅读岗位介绍，我们发现私募行业需要的关键能力如下：

第一是专业能力。比如尽职调查、盈利分析、风险识别能力等，这些是他之前没有的经验。

第二是沟通能力。即与各行各业的创业者接触，挖掘其价值和潜力的能力。他之前从事了10年的记者工作，识人能力应该不差，可以作为一张“王牌”去打。

第三是资源。作为媒体界意见领袖，他拥有行业影响力，人际关系应该不错，需要强调的是资源和具体业务的匹配度。

第二步是发掘差异优势。

经过分析，他的优势和资源不少，但略显散乱：有金融实操经验，是港股价投学习者，用盈利为父母买了一套房；有创业经历，曾创立陌生人社交公司；逻辑性强，全国大专辩论赛北外四辩。

这些经历如果一条条列举，不会给面试官留下深刻印象，关键还是要从私募的本质出发，描述这些能力如何具体帮助到新工作的场景中。

思前想后，我为莱西确定了两个关键词：

跨界：从“媒体人”到“投资人”，这是他的独特差异点。虽然他在专业性上比不上行业工作者，但“跨界”，却让他拥有其他求职者不具备的敏感度，即对“人”的敏感。投资虽然需要关注很多账面信息，比如盈利情况、风险情况，但说到底是对“人”的投资，需要在项目前期，快速判断创业者是否具有稳定经营的能力。

中年:中年的身份让他拥有对中年创业者的敏感度,以帮助中年群体减少创业风险。

第三步是创造岗位关联。

媒体和投资的共同点,是“对人的在意”。

一个媒体人,之所以能形成影响力,是因为他真的在意自己的受访对象。在担任媒体人期间,莱西曾接触过一些创业者,在报道里写过这样的句子:“一个热爱项目的创业者,如果爱得讲话结结巴巴、语无伦次,我就知道他是真的爱。”

这是多么精准的洞察,若不是真的深入了解受访者的话,是写不出这样的句子的。

所以,我给他的第一个建议是:在他的工作计划书中,放入三个与创业者接触的实际案例,并根据对创业者的洞察,制订投资计划。

第二个建议是:从一个中年人的身份出发,聚焦中年创业者,谈谈针对他们的投资计划。

就这样,莱西在我的建议下,定制了一份工作计划书,并在面试当天声情并茂地向面试官说了这些年的经历。面试官对他颇为欣赏,第二周便通知他入职。

他很感激我,一起吃饭之余,他又问了我那个中年危机的话题:

“说实话,当时你觉得我是个失败者吗?”

我说:“中年只是一个身份,就像初学者、转行者、跨界者一样。有时我们会怀疑自己,是因为他们总是问我们:你没有背景,真的能行吗?但我看到的是,一颗真正热爱的心,决定投身自己在意的事业,这一点足以打动任何一个有判断力的面试官。”

他点点头。后来我再看到他的消息,就是朋友圈里关于和创业者接触的日常。我想,他现在做着自己想做的事,一定很开心吧!

### 3. 用商业计划书的思维定制工作计划

在投资界,创业者会通过商业计划书向投资人说明自己的价值,而求职者也可以运用商业计划书思维来打造工作计划,提升自己的价值感。

(1)衡量投入产出比。

商业计划书的核心,在于以投入产出比衡量项目价值,即投资人付出多少,能够获得什么样的回报。这样的思维也可运用到工作计划书中。求职者需要向企业说明,采用自己的计划能为公司带来什么样的收益。好的计划会以更加经济的方式开展工作,并且具备一定的增长性。

(2)凸显竞争优势。

商业计划书中有竞品分析的版块,对比市面上同类型产品的优势与劣势。求职者也可以分析自己的竞争优势。比如同样是公众号粉丝拓展计划,使用素人推广和官方广告的方式差异在哪里,有哪些优势与劣势。

(3)打造可持续模式。

好的商业模式具备可持续性,好的工作计划也是。求职者可向面试官说明,为何自己的计划可以长期有效。比如为了实现拓展公众号粉丝的目的,求职者率先建立种子用户群,然后通过种子用户向外传播,并通过激励模式吸引更多的传播者,这相比官方广告具有更强的可持续性。

通过定制工作计划,求职者可以展现自己对细节的思考,体现自己的专业度。在下一章,我将给大家介绍如何通过创造专属案例的方式,提升求职竞争力。

## 思考题

1. 小明针对销售的岗位定制了一份工作计划:计划每周成功拓展

30位客户。请问小明的工作计划有什么问题？请结合“计划是否能实现目标”进行思考。

2. 小王应聘市场部主管的岗位，计划以头部主播直播的方式作为主要的流量来源。这个计划是否有问题？请结合“用户企业计划书的思维定制工作计划”的第三点“打造可持续模式”进行思考。

# 第4章 “创造”难以被拒绝的案例

在前面的章节中，我们学习了如何通过故事面试法和 VIP 法则提高求职者的岗位匹配度，但如果求职者应聘的岗位与之前的工作内容完全不同，该怎么办呢？这一章，我会给大家讲解高光面试法的第三个版块：案例面试法，主要解决如何通过定制难以被拒绝的案例，得到心仪的工作。

## 4.1 案例面试法是什么

在我开展面试辅导的过程中，常常会遇到求职者咨询这样的问题（见下图）：

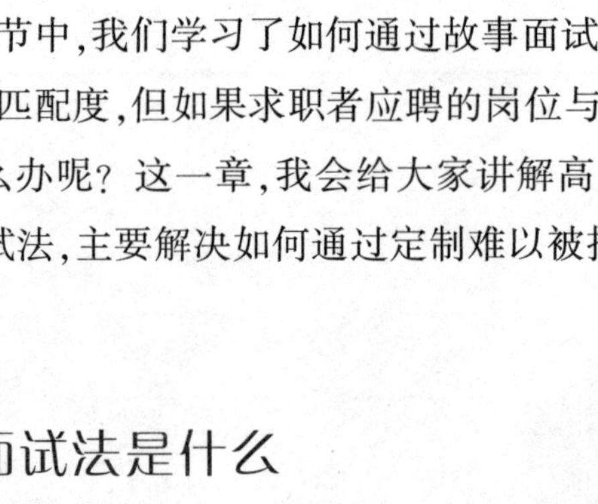


我与求职者的对话

那么,没有相关经历的求职者是如何被录取的呢？这就要从一个概念说起了:行为面试法。

### 4.1.1 经历,是不可逾越的鸿沟吗

行为面试法(Behavioral-Based Interview,BBI)是面试官通过求职者过去的行为和经历,预测其将来的行为的面试方法。求职者可以用STAR法则来应对行为面试法,它可以用一句话来概括,即:在什么情况(Situation)下,承担了什么任务(Task),采取了什么行动(Action),最后实现了什么样的结果(Result)。

从以上定义我们发现,虽然求职者的工作经历很重要,但面试官也可以通过过去的行为了解求职者。经历并非不可逾越的鸿沟。

对于没有相关经历的求职者,面试官主要考查的是以下五种“力”。

1. 行业理解力

行业理解力帮助求职者对所处情况有更好的判断。行业理解力的关键在于:理解行业痛点。比如外行认为互联网行业的痛点可能是吸引粉丝难,但熟悉行业的人会知道,难点在于粉丝的运营,即如何将更多粉丝转化为付费者。

2. 应变能力

应变能力帮助求职者针对情况作出合理的反应。在互联网时代,应变能力是考查重点,因为行业更新速度快,某种吸引粉丝的手段,可能在几个月后就不再奏效。面试官需要确保求职者有应变能力。

3. 行动力

行动力能确保求职者完成任务。行动力是可以复制的,求职者可

以通过复盘过去的行为，向面试官展现自己可以胜任新挑战。

4. 关键能力

在此基础上，求职者通过关键能力采取行动，最后实现预期的结果。求职者过去的工作可能与目标岗位不同，但所用到的关键能力可能类似。比如导游和会展执行的岗位，都需要用到“安排部署”的能力。

5. 潜力

除此之外，面试官还想了解求职者胜任新工作的潜力。求职者展示潜力的关键，在于给面试官惊喜。

### 4.1.2 “创造”好案例，填补经历缺失

那如何更好地展现这五种力，以弥补自己的经历缺失呢？这里建议：通过短期内尝试一个与目标岗位类似的项目，创造一个新的案例，并取得相应成果，从而说服面试官自己可以胜任，即“案例面试法”。

1. 短期

案例需要快速看到成效，因此执行时间不宜过长，可以是兼职项目，与朋友合作的项目，或者自己发起的项目等。如求职者想要证明自己有新媒体运营能力，不一定要从零开始，打造自己的新媒体账号，也可以为创业公司供稿，其账号可能已有一定粉丝基础，更能看到效果。

2. 类似项目

求职者所尝试的项目，需要和目标岗位高度类似。比如求职者应聘的是创业公司的新媒体岗位，那么向知名品牌供稿的经历可能参考

性不大，因为在账号创立初期的策略，可能与成熟期的策略完全不同。

3. 取得成果

求职者需要设置合适的目标，并在规定时间内达成。这里，合适的目标是指目标岗位需要的能力。比如某新媒体岗位需要的核心能力是粉丝吸引能力，那求职者就应当把吸引粉丝的数量和质量作为目标。

那具体有哪些案例是求职者可以创造的呢？

### 4.1.3 哪几种案例，让面试官印象更深

根据面试官考查的五种“力”，这里建议求职者学会五种类型的案例，即创意案例、应变案例、实战案例、分析案例和惊喜案例。

1. 创意案例

创意案例是用创造性的方式解决行业问题，展现的是求职者的行业理解力。求职者需要通过定制创意案例，解决真实的行业困境。创意案例常被运用于策划、产品经理、设计师等需要创造力的岗位，但其他岗位如销售等，也可以定制创意案例，比如通过人工智能电话的方式，创造性地解决呼叫效率低下的问题。

创意案例的关键在于要有针对性，即针对的场景、针对的变化、针对的消费者。比如新媒体行业的场景现在越来越去中心化，那求职者就更需要通过去中心化的方式（比如意见领袖、素人证言等）制作内容，而非依赖传统的官方广告。

2. 应变案例

应变案例是用通用能力解决多变问题，展现的是求职者的应变能

力。它主要被用于回答面试官提出的临场问题，如“如果你是产品经理，如何缓解迪士尼的排队问题？”应变案例无法提前准备，却可以通过训练提高求职者的回答水平，常被运用于面试客户经理、导演、咨询顾问等需要随机应变的岗位。但诸如互联网运营、产品经理等岗位，也需要应变案例，因为这些岗位需要解决用户突发的需求。

应变案例的关键在于洞察问题本质，求职者可以通过 5W2H 法（下面会有详细介绍），更好地进行思考。

### 3. 实战案例

实战案例是通过参与和目标岗位高度类似的项目，来展现求职者的行动力。行动力是可以复制的，通过类似的情景和挑战，可以预测未来的行为模式。实战案例的关键在于争取机会，求职者可以通过自己的校友圈、朋友圈等获得类似机会。

案例的复盘非常重要，能帮助求职者更好地应对面试官的提问。比如，这个案例执行得是否好？判断的依据有哪些？过程中尝试了哪些改进？还有哪些能改进的地方？

### 4. 分析案例

分析案例是求职者针对目标岗位模拟的分析文件，展现的是求职者的关键能力。比如，求职者应聘的是综艺策划的岗位，可以预先研究该综艺的人设、策略、盈利模式等，并定制一份分析文件，以证明自己的洞察能力。

在制作分析案例时，求职者还可以定制一份自己的能力图谱，即案例中，用到了哪些自己的关键能力，还有哪些能力是需要加强的，更好地提高与岗位的匹配度。

### 5. 惊喜案例

惊喜案例是通过给出超乎期望的解决方案创造惊喜，展现的是求职者的潜力。当竞争者提供的案例水平都不错时，惊喜案例可以帮助求职者脱颖而出。打造惊喜案例的关键在于突出独特记忆点、创建独特关联和反复强化这三个方面。具体内容将在后面的小节中详细讲解。

### 思考题

1. 小何想面试农产品直播运营的岗位，朋友推荐她先去某娱乐公司尝试担任运营，请问这段经历是否能帮助小何？请结合“类似项目”进行思考。

2. 小赵想担任某教育公司的公众号编辑，在没有类似机会的情况下，他可以如何证明自己的能力？请结合“分析案例”进行思考。

## 4.2 让面试官难以拒绝的五种案例

现在，让我们进入第一种案例的学习：创意案例。

### 4.2.1 创意案例：展现你对行业的深刻理解

有位求职者对我说：“想要转行也太难了吧，几乎是不可能的任务。”

我问他为什么，他回答：“因为在人事经理面试过后，就会进入业务主管面试环节，当他追问一些业务细节的时候，我就回答不上来。”

他的话让我想起了自己当面试官的一次经历，当时，我们在为一个打印机品牌招募直播运营的岗位，有一位来面试的求职者曾在娱乐公司任职。当时我们的对话如下图所示：

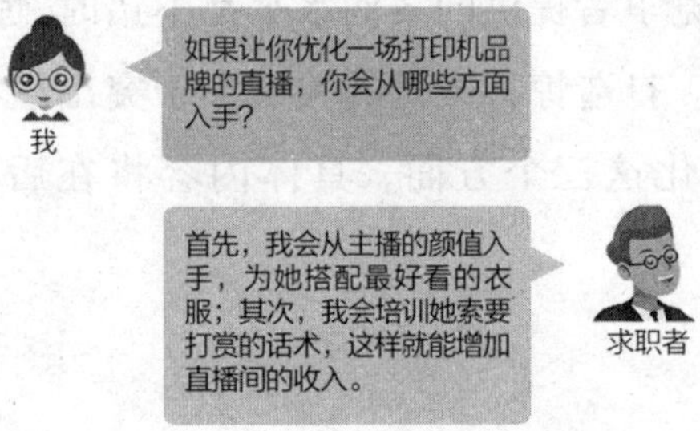


我与该求职者的对话

这位求职者犯的错误是：过度依赖原有经验，而没有用创意性方式解决岗位上的新挑战。

1. 创意案例，是用创意性方式解决问题

为了提高自己与岗位的匹配度，求职者可以通过定制创意案例的方法，应对岗位上真实的挑战。好的创意案例包括以下三个特点。

(1) 懂痛点。

创意案例建立在对痛点的理解之上，很多创意案例之所以不成功，是因为对消费者的痛点理解不深刻。比如在面试短视频编剧时，过分强调故事的完整性，就是没有理解碎片化时代观众的痛点：他们需要编剧能在有限的时间内，调动他们的情绪。

了解消费者痛点的一个方法是：紧跟时代趋势。比如，媒体行业不可避免的趋势是碎片化和去中心化。创意方案也要在时代趋势的背景下展开。

(2) 可体验。

在了解消费者痛点的基础上，求职者要用创造性的方式解决问题，并让这个过程可体验。比如，在广告策划领域，比起一本正经地诉说品牌故事，现在的消费者更希望品牌能用游戏的方式和他们玩到一起。那么，求职者就可以找一些体验出色的小游戏，向面试官进行展示。

提升体验度的优势在于：面试官可以直观地感受到创意方案的出

色之处，从观看者转变为参与者。

(3)可执行。

在以上的基础上，求职者要提供一个可执行的方案。这个方案既能解决受众的痛点，同时在执行层面又有实操性。

比如，某团建活动希望以“尝尝我的家乡年味”为主题，让求职者来写方案。求职者可能会想到让公司员工现场做菜，但这样需要租赁大量设备，且具有一定的危险性。更好的解决方案可能是让员工提前准备好菜肴，并在现场邀请品尝，对于一些复杂度低的操作，比如撒酱料等可以在现场完成，提升菜品的口感。

2. 三个步骤定制创意案例

求职者可以通过以下三个步骤定制创意案例：挖掘真实困境、找到灵魂场景、匹配可靠执行。

(1)挖掘真实困境。

为了展现对痛点的深刻理解，求职者需要挖掘行业内存在的真实困境。比如老牌餐饮领域面临的困境是，陈旧的品牌宣传无法吸引年轻受众，那求职者就可以通过新颖的游戏形式(如线下扫码参与小游戏)，提高年轻群体的到店率，并通过游戏中的积分机制，提高受众的黏性。

(2)找到灵魂场景。

在此基础上，求职者需要准备一个合适的方案展现场景，提升面试官的体验度。比如求职者在面试某甜品公司时，设计的方案是到线下吃甜品，有一定概率能抽到金饭碗，当他将闪闪发光的金饭碗制作成概念图，并提交给面试官时，面试官的体验度就会大大提升。

(3)匹配可靠执行。

求职者要给出具有说服力的执行方案。比如求职者可以大体估计一下金饭碗的数量和成本，以及新增客流量带来的收入，以此证明方案的可行性。

下面,通过一个案例来讲解如何打造一个具有说服力的创意案例。

**案例**

**面试创意热店,元宇宙创意斩获全场目光**

创意热店,是很多人心之向往的地方。这里汇集着充满创造力的人才,仿佛一个巨型发射机,对外发射着无数具备传播性、记忆度和影响力的创意。这也让面试的难度系数变得极高,因为求职者的竞争者大多来自顶尖创意公司,以及各行业的精英。

求职者娜米通过社交平台找到我,说希望挑战国内某知名创意热店的策划工作。她之前在一家虚拟偶像公司担任编剧,有两年工作经验。她收到的面试题,是为某游戏项目策划 b 站自制剧脚本(见下图),主题是时下热门的话题:元宇宙。

**面试题**

X公司计划开发一个音乐类游戏，针对年轻群体进行推广，因此需要拍摄一套以元宇宙为题材的短剧，并在剧中体现公司对原创精神的支持。请你根据以上背景，创作一个剧本大纲。

面试题具体内容

“我对元宇宙没什么了解,你觉得我有戏吗?”她问。

“元宇宙对大部分人来说,都是一个很新的概念。”我回答,“虽然其他求职者在策划上可能更有经验,但如果我们能做到比他们更定制化,更了解观众的兴趣点,就能战胜他们。”

仔细阅读面试题后,我们总结出了三个关键点:

(1)对方是一个音乐类游戏公司,所以对剧本中的音乐元素较为看重;

(2)公司的价值观是鼓励原创,支持创新;

(3)游戏的受众大多是年轻人,特别是“95后”和“00后”。

定制创意案例的第一步,是挖掘一个真实困境。

对原创者来说,什么才是他们的痛点?我想起了之前看到的新闻,说一些公司泄露用户隐私,将利润置于用户的利益之上。他们太注重“结果”,而非“过程”,结果伤害了用户的感情。而在创作领域,很多创作者因为长时间没人购买自己的作品,逐渐失去了创作的热情。所以,他们遇到的困境就是:在市场的竞争中失去了初心。

因此,我们将短剧的主题确定为:不忘初心。

定制创意案例的第二步,是找到一个灵魂场景。

我问娜米:“你觉得在元宇宙开演唱会,和在线下开演唱会有什么不同?”

她说:“首先,玩家可以穿着自己设计的服装出场,打赏的道具也可以定制化,比如歌手的‘粉丝’叫肉包,‘粉丝’就可以用肉包打赏她。”

我觉得很有趣,但既然公司鼓励原创精神,我们可以找一些更夸张的场景。

“比如这个歌手是玩朋克的,有一天,他心血来潮想在自己的音乐里融入古筝的元素,但他觉得古筝的颤音太长,于是他干脆做了一个全新的乐器——‘朋克筝’,结果一下子惊艳全场。”

“有乐器还不够,元宇宙最大的特点就是每个用户都可以上传UCG内容(用户自产内容),我们就在演唱会上安排一个环节,让各种各样的创作者都在大屏幕上演唱自己的原创歌曲,包括流行的、小众的等。这样一定很有冲击力。”

现在,我们有了灵魂场景,也找到了真实困境。那怎么做才能让面试官快速记住呢?

定制创意案例的第三步,就是匹配可靠执行。

一个好的故事,必须同时符合品牌要求、符合主题,这就需要用到关键性元素。

我们设计了这样一个故事：

某原创歌手受邀参与一个大型元宇宙挑战赛，参与争夺一件高价值的数字藏品。挑战赛的其中一个关卡，是所有选手必须表演他们的原创作品。由于准备时间只有短短三小时，这位原创歌手打算找些网络片段临时拼凑，合成一个自己的作品。但他想起自己第一次打虚拟鼓，为了对准人声花了整整一晚上。他重燃了创作的热情，不仅设计了一个独创的乐器“朋克筝”，还邀请各位原创歌手和他共同完成了这场表演。最后惊艳了全场。

这个故事同时具备音乐、原创、游戏的元素，同时还结合了对元宇宙的深度理解。

最后，娜米带着这个脚本去面试，成功从16名竞争者中胜出，斩获了策划岗的Offer。

现如今，很多互联网公司的面试题目都会给出一些新颖的主题，比如元宇宙、虚拟偶像、数字孪生、人工智能等，这些题目其实并不难，只要求职者能真正去了解品牌，以及他们的价值观、文化和受众，并融入自己的理解，相信能和他们“玩到一起”。

3. 三个“针对”，让创意案例更实用

(1)针对场景。

脱离场景的创意案例可能很有趣，但如果真正结合场景进行思考，就会发现其荒谬所在。比如在设计某跨城年会案例时，求职者的创意可能是让三个城市的员工通过大屏幕连线进行趣味知识竞猜，但如果真正结合场景进行思考，会意识到现场可能存在网络延迟问题，因此无法很好地评判抢答的速度。更好的解决方案可能是，三地员工通过大屏幕分别做分享，既体现了联动性，也不会受网络延迟的影响。

(2)针对变化。

好的创意案例需要考虑到行业内发生的变化。比如色彩跑是前几年公司年会非常热门的创意,但前几年由于特殊原因,大型的户外活动有所影响,因此求职者可以考虑一些能在室内完成的创意项目,比如 Tufting(簇绒,指参与者使用簇绒枪制作有特定图案的地毯、抱枕、工艺品等)。

(3)针对消费者。

求职者需要针对目标消费者定制符合他们特征的案例。比如在本节一开始提到的打印机品牌直播运营岗位,受众更看重产品的实用性,求职者就可以从实用性角度设计案例,如在现场挑战 5 秒为打印机换墨盒,体现换墨盒容易的卖点,或许可以吸引更多受众观看。

### 思考题

1. 小王面试某培训中心直播策划的岗位,提供的案例是通过发传单的方式提升直播的观看率。这样做有何不妥?请结合“针对场景”进行思考。

2. 小陈面试某针对年轻白领的直播策划岗位,提供的案例是直播办公室早餐活动,这样做有何不妥?请结合“针对消费者”进行思考。

### 4.2.2 应变案例:表现你的灵活性

如果说求职者有什么容易“害怕”的面试形式,那莫过于案例面试了。

案例面试(Case Interview)一般是针对咨询公司面试而言,现在也被广泛运用到快消、广告、互联网等行业。面试官通常会提出一个商业问题,然后让求职者给出分析和意见,由此考查求职者的应变能力。比如:

“如果你要开一家奢侈品门店,会如何选址?

“某产品进入中国市场后始终销量不好,你会如何分析原因?

“请你从产品经理的角度分析一下，××小游戏‘出圈’的原因。”

求职者之所以害怕这种类型的面试，是因为它对于应届生和跨行业人群而言，不太好准备，通过的可能性较小。

那么案例面试，真的无法准备吗？

### 1. 应变案例，用通用能力解决多变问题

如果求职者参加过群体面试，那一定会注意到这样一种现象：同样的题目，有的求职者支支吾吾答不上来，有的求职者却对答如流、条理清晰。是因为后者提前猜题了吗？但事实上，很多题目包含热点或企业个性元素，是不太容易猜中的。那是因为后者有相关经验吗？也不尽然。

只有一种可能，那就是：通过通用能力及恰当的框架，求职者可以提升案例面试的通过概率。

常用的分析框架包括 4C[Consumer(消费者)、Cost(成本)、Convenience(便利)、Communication(沟通)]，4P[Product(产品)、Price(定价)、Place(渠道)、Promotion(推广)]等，但千篇一律的框架无法体现个人优势，怎么办呢？这里建议：使用应变案例，用通用能力解决多变问题。

所谓的应变案例，是指在面试时通过固定的步骤，迅速做出能体现个人优势的案例，以应对面试官的临时挑战。那么，如何定制应变案例呢？

### 2. 定制应变案例，以不变应万变

求职者可以通过以下步骤定制自己的应变案例：

(1)发现通用能力。

求职者在面试前，通过总结岗位关键词的方式，发现岗位所需的通用能力。比如产品经理的通用能力是：对用户需求的洞察、对用户心理的把控、对盈利模式的了解等。

(2)强化个人优势。

求职者通过梳理这些能力，找到自己优势的能力所在，然后在面

试时着重呈现,并弱化自己不熟悉的部分。比如题目是如何用产品经理思维缓解迪士尼的排队问题,某求职者对盈利模式熟悉,但对运营手段不熟悉,就可以说:“虽然我对运营手段不熟悉,但我认为,排队一定对商家更有利,因此我的重点会放在缓解用户的排队焦虑上。”

(3)出具具体方案。

求职者在自己优势的基础上,出具一个具体的解决方案。而对于自己不确定的部分,可以说面试后会继续研究,并以文件形式反馈给面试官。

接下来,通过一个详细的案例来进行讲解。

## 案例

### 定制应变案例,帮我获得导演的工作机会

“下个礼拜,你去给客户当回导演吧。”某个星期三下午,上司突然对我说。

那时我在某技术公司担任运营部负责人,对方是一家大型国企,想筹拍一套抖音自制剧,宣传“创造身边的美好生活”的品牌理念。如果能顺利承接,就能证明我们在内容运营上的实力。这对作为技术公司的我们非常重要,因为好的运营,才能让技术产品发挥出真正优势。

这个机会很快就来了,客户提出先给我们一个项目测试:独立拍摄一集职场主题的短剧,并告知我们第二天中午会举行线上会议,大领导也会参与。

由于之前没有导演经验,我决定通过定制应变案例的方式应对这个情况。这具体包括三个步骤:发现通用能力、强化个人优势、出具具体方案。

第一步是发现通用能力。

我先到招聘网站上看了一下导演需要的核心技能(见下图),并进

行了提炼总结：

**职位详情**

宣传片　完整的执行能力　多年分镜经验

深厚的美术功底　产品片　视听语言

岗位描述：
1.负责公司视频内容的选题策划，撰写脚本和制订拍摄计划；
2.根据前期采访的情况，制定分镜头本，落实所需的场地、道具等；
3. 现场指挥和监督拍摄过程、成片的初剪工作、跟进后期的制作、剪辑。
岗位要求：
1.本科及以上学历，电视编导、传播学、广告学等相关专业优先；
2.三年以上导演经验，对企业等有一定的汇报经验；
3.良好的文字功底和丰富的创意能力，能独立完成前期影片策划、脚本撰写；
4.把握影片风格，熟练掌握镜头语言，富有创造力及较强的美感，熟练运用后期合成剪辑软件：
5.具有良好的项目管理意识，对项目周期、成本、人员调配等有很强的把控能力，有良好的整体把控力、优秀的策划能力；
6.出色的人际沟通能力及交际能力，具备较强的口述演绎能力、应变能力强，有强烈的创新意识。

导演岗位需求

①对主题的整体定位与理解；

②对角色的把控；

③服化道策划；

④现场调度与拍摄指导。

第二步是强化个人优势。

我根据自身情况，将这些能力分为“具备的能力”与“暂时不具备的能力”。比如对主题的理解和角色的把控是我的优势，因为我承接过喜剧编剧的工作，可以在会上着重强调；但服化道（服装、化妆、道具)、拍摄指导这些之前没有接触，可以请团队其他成员帮忙或把话题引导到其他方向。

第二天，那场具有决定性作用的会议开始了。在交代项目情况后，运营部总监提出了第一个问题："你们之前有拍摄抖音自制剧的经验吗?"

没有拍摄经验是我的弱项，但对主题等的把控却是我的强项，于是我直接向他提出一个引导性问题：

"不知道自制剧的主题和人设，咱们是否已经有了一些详细的规划？不妨说一下。"

客户开始阐述这部剧的人设："我们设计了钟经理这个人物，她是一位对食物非常挑剔的人，我们想借此表达集团对食物的标准非常严格。"

"如果是这样的话，不妨将角色改名为'挑老板'。角色取名的关键，是遵循'3 秒法则'，就是任何一个角色都要让观众在 3 秒内理解。挑老板这个名字不仅能体现她对食物的追求，更能呼应这部剧的主题：百里挑一，为消费者挑好货。"

第三步是出具具体方案。

在这个基础上，我进一步建议为"挑老板"配一个专属道具：一个粉色的放大镜。放大镜代表不放过食物的任何细节，粉色代表少女心，展现角色的反差。客户很喜欢这个提议，决定拍摄时带她女儿的放大镜来。

后来客户又提了一些其他的问题，比如我们服化道方面的能力。幸好我提前准备，找了部门里最有时尚眼光的实习生写了一份详细规划，具体到品牌和购买链接。

客户看到那份方案非常满意。接下来，我们为客户进行了现场拍摄。在拍摄时，我们为很多画面设计了特别的运镜，比如其中有一幕，是将该集团的产品之一牛肉拟人成一位求职者，被面试官挑老板提问，我们用放大镜放大挑老板的面部表情，描摹她对食物一丝不苟的追求。

最后，我顺利成为该项目的导演。而“百里挑一自制剧”，也在开播一周内斩获了10万流量。很多观众在评论区给我们留言，说喜欢我们的视频。

3. 5W2H 分析法，帮你发现问题本质

上面，我介绍了如何通过定制应变案例获得更多机会。下面，我将告诉大家如何使用5W2H分析法，更快发现案例中问题的本质。

5W2H分析法又叫七问分析法，以五个以W开头的英语单词和两个以H开头的英语单词组成：

(1) What——是什么？目的是什么？做什么工作？

(2) Why——为什么要做？可不可以不做？有没有替代方案？

(3) Who——谁？由谁来做？

(4) When——何时？什么时间做？什么时机最适宜？

(5) Where——何处？在哪里做？

(6) How——怎么做？如何提高效率？如何实施？方法是什么？

(7) How Much——多少？做到什么程度？数量如何？质量水平如何？费用产出如何？

下面，我将以“如果你是产品经理，能不能为我们设计一个像××一样的爆款小游戏？”的问题为例，告诉大家如何用5W2H分析法找到问题本质。

(1) What——设计一个爆款游戏，能不能做到？

(2) Why——为什么要设计爆款小游戏？是必须的吗？

(3) Who——这款游戏面向的是谁？

(4) When——什么时候开始投放游戏？是节假日，还是平时？

(5) Where——在什么平台或渠道发布？

(6) How——怎么实现公司的目标？

（7）How Much——游戏推广需要持续多久？需要多少经费？

其中，Why（为什么）是最重要的问题。比如结合 Where（哪里）和 Who（受众是谁）进行思考，如果公司的主要客户在抖音平台，而微信平台没有太多客户基数，小游戏又主要在微信平台传播，那制作爆款小游戏就不是一个必选项。

再比如结合 How（怎么做）进行思考。如果公司的主要客户在抖音平台，那可以通过邀请意见领袖参与挑战等方式制造爆款，更好地触达目标用户。

因此，当面试官给出案例后，求职者不必完全按照案例中的思路答题，而是应该通过透彻的分析，找到更适合问题的解答，展现自己的真实实力。

下一节，我将分享如何通过实战案例，更好地证明自己的专业度。

## 思考题

1. 如果你要面试某岗位，但其中的某项关键能力你不具备，如何提升面试通过的概率？请结合“强化个人优势”进行思考。

2. 请使用 5W2H 法则思考“如果你是销售，如何将这支笔卖给我”这个问题。

扫码看视频

### 4.2.3　实战案例：体现你的专业度

在我做面试辅导的过程中，有时会遇到这样的学员：基本能力不错，但由于毕业后的第一份工作选错了方向，始终与心仪的公司无缘。其他人可能会给出这样的建议：

“去报个培训班吧！”

“听听网络课程吧！”

但问题是理论如果不能与实践结合，求职者将无法获得真正的专业度。比如参加了文案课程，知道如何取一个有吸引力的标题，却依旧不知道该如何落笔。

因此，证明自己专业度更好的方法，是在短期内参与实战案例（至少一个），用实力说话。

## 1. 实战案例，可复制的行动力

实战案例的关键，是要体现自己曾有类似经验。那么，在面试官眼中，什么样的经验是"类似经验"呢？

（1）情景类似。

情景包括行业方向、职责范围、工作重点等。比如同样是运营岗位，从职责范围来看可以分为内容运营、产品运营、活动运营等，对求职者的要求也不同。比如产品运营更看重求职者是否有产品思维，最好有画原型图的经验；而活动运营更看重过往活动的效果。

（2）能力类似。

比如，部分求职者会根据下图洋葱模型列举出岗位需要的核心能力，并将自己的能力进行匹配。

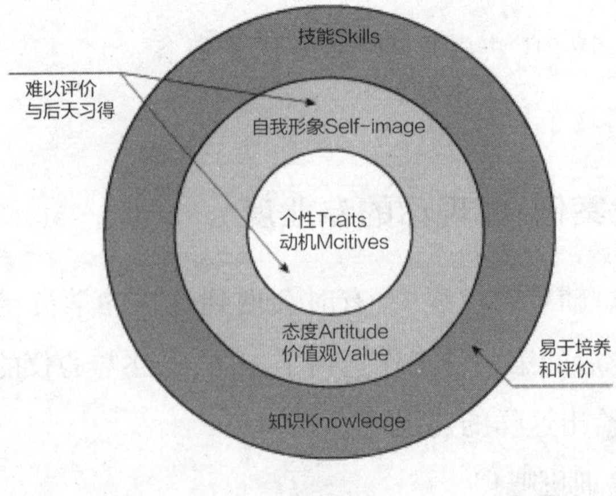


洋葱模型

(3)挑战类似。

比如不同岗位对沟通能力的界定是不同的,客户经理需要的沟通能力是用最简洁的语言让客户明白;而产品经理需要的沟通能力,是尽可能精确地描述产品问题。

### 2. 如何定制自己的实战案例

求职者可以通过以下三个步骤定制属于自己的实战案例:争取专业项目、运用专业能力、解决专业挑战。

(1)争取专业项目。

在专业项目中,求职者会接触到真实的情景、真实的客户。比如心理咨询师在前期虽然无法接手个案,但也可以通过电话咨询的方式,接触真实的客户。求职者可以通过兼职平台、短期合作、校友推荐等接触到专业项目。

(2)运用专业能力。

求职者需要尽可能地在岗位上运用专业能力,并得到专业指导。比如某求职者获得了一个兼职设计的岗位,就可以在对接人提出修改意见时,针对性地问一下如何提高,比如需要运用哪些设计理论等。

(3)解决专业挑战。

求职者可以主动争取更具挑战性的工作。比如某项工作对沟通要求很高,求职者可以主动参与到沟通的过程中,并将沟通的难点和解决方案记录下来。

请看下面这个案例。

**案例**

**定制实战案例,帮助公务员转行互联网**

小汤是我知识星球上的用户之一,是名公务员,求职目标是跳槽到某互联网名企，成为一名运营。岗位需求如下图所示。

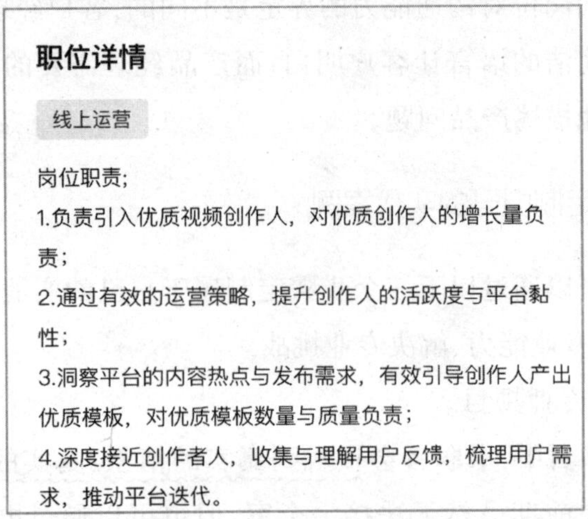

**职位详情**

线上运营

岗位职责；

1.负责引入优质视频创作人，对优质创作人的增长量负责；

2.通过有效的运营策略，提升创作人的活跃度与平台黏性；

3.洞察平台的内容热点与发布需求，有效引导创作人产出优质模板，对优质模板数量与质量负责；

4.深度接近创作者人，收集与理解用户反馈，梳理用户需求，推动平台迭代。

某互联网企业的运营岗位需求

“我目前的工作就是和所辖村民居委会沟通、统计机关养老保险，你觉得我应聘运营岗位有希望吗?”

这两项工作，乍一听和运营好像没有任何关系。但当我仔细观察他的简历，发现了一些有意思的“隐藏能力”：

- 比如和村民居委会沟通，别人只是按部就班传达组织要求，但他能根据村民的特点，用他们理解的方式说话。比如跟老人沟通，他就会用类比、画画的方式，让他们 5 分钟内快速理解重点。这对运营来说，是特别宝贵的能力，因为运营说到底是面向“人”的工作，得会“穿别人的鞋子走路”。

- 再比如统计养老保险，他能从各项数据的横向对比和纵向对比中，发现有价值的信息，这恰好是运营需要的，即对数据背后隐藏现象的敏锐度。

于是，我建议通过定制一个实战案例，将他的能力真正发挥出来。

第一步是争取专业项目。

我当时恰好手头有个项目，为一些一线 3C、餐饮、酒店类品牌招募创作者,拍摄造势视频。他可以作为一名招募者,全程参与达人的沟通、维系、培训、转化的过程,快速体验到运营工作的方方面面。

这个工作具有很强的挑战性,因为达人作为创作者,本身有极大的灵活性。一条视频能不能体现品牌想表达的意思,可以从多种角度解读。

第二步是运用专业能力。

小汤的主要能力是沟通能力,因此,我决定把和沟通相关的任务交给他,让他在实战中体现自己的换位思考能力。

第三步是解决专业挑战。

项目运行的第一个礼拜,小汤就遭遇了有史以来最大的“滑铁卢”:有30条视频被品牌方以不符合要求为由,被打了回来,而重新创作的时间只有一周。

小汤发现,问题的关键在于,品牌方和达人对活动的主题“随心运动”的理解不同,品牌方认为随心运动是一种“概念”,但运动者本身还是要具备专业性,而达人认为随心运动是一种“态度”,在教室里跳绳、温泉馆娱乐区扔飞镖都是随心运动。

发现了这个关键差异后,小汤最终做了这样一个决策:与品牌方快速约了一个线上会议,明确之后需求制订的原则,以避免类似情况再次发生。

后来,那30条不符合品牌要求的视频,在我们的争取下,数量减到了5条。对于未来的合作,品牌和达人也建立了更深层次的信赖。

最终,小汤凭借这个实战案例,在35名竞争者中脱颖而出,顺利拿下了该互联网公司运营岗的Offer。

### 3. SWOT复盘法,提升实战案例可信度

很多求职者案例做得不错,但在面试官提问时却“一问三不知”,

比如下图中的情况：

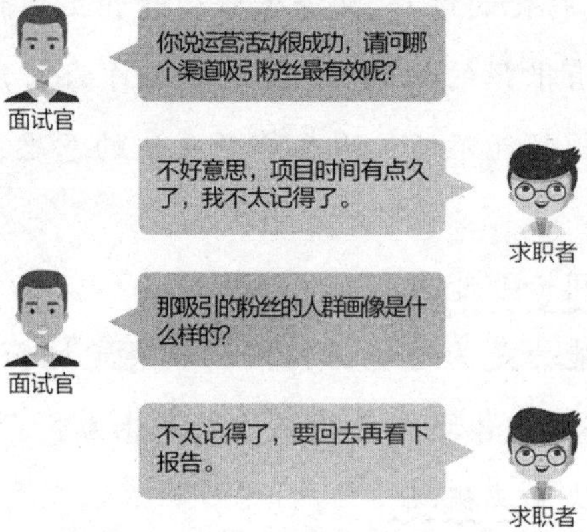


求职者与求职者的对话

在这样的情况下，面试官可能会认为求职者的案例没有可信度，从而对求职者减分。那么如何避免这样的情况发生呢？

这里建议的做法是：在完成案例后及时复盘。求职者可以通过SWOT模型进行复盘，具体如下：

(1)优势(Strength)。

首先，在完成案例后，求职者要对执行情况进行一个基本的评判，即“这个案例做得好还是不好”。评判需要有具体的指标，比如投入产出比、千次展示成本等，求职者可以通过对比同行标杆案例，或者过往经验等，得出一个较为可靠的结论。

在此基础上，求职者需要总结案例的优势所在，即做得好的部分，对未来有什么借鉴之处。思考时需要尽可能细致，包括渠道、运营手段、人群措施、成本等。比如求职者可以问自己：“哪个渠道吸引的粉丝更有效？这次的经验可以复制吗？”并思考在其他情况下如何调整。

(2)劣势(Weakness)。

劣势分为“已改进的部分”与“未改进的部分”。对于已改进的部分，求职者需要描述为改进做了哪些努力，哪些努力是有效的，判断依据是什么；对于未改进的部分，求职者需要阐述未改进的原因，以及之后遇到类似的情况,是否有优化的可能。

很多求职者的错误在于:故意掩饰案例的劣势,但没有缺点的案例会让人产生不真实感,而对缺点的剖析反而会展现求职者很强的思考能力,比如求职者可以说:“这个案例主要的问题是样本过小,没有测试出目标受众的真实兴趣,原因是预算不足。如果预算充足,我会再添加三个主题进行测试。”

(3)机会(Opportunity)。

机会主要指这个案例的经验能为目标公司带来什么。比如打开新视角、了解新市场、引入新做法等。求职者可以将目标公司的情况进行结合,比如目标公司的主要业务是明星的运营,而求职者的过往经验是素人创作者的运营,他就可以分享如何通过素人,为目标公司创造更多收益。

(4)威胁(Threat)。

威胁主要指这个案例的经验能为目标公司避免哪些威胁。比如目标公司的主要赛道在微信,而在抖音等其他平台没有布局,但这些平台中有大量的竞争者。如果求职者在之前有相关平台经验,就可以分享给目标公司,防止被竞品反超。

下一节,我将分享如何通过分析案例,让面试官看到你的关键能力。

### 思考题

1. 小陈想应聘客服的岗位,她准备列举的案例是自己曾在餐饮店担任过服务员。请问这样做有何不妥?请结合“情景类似”进行思考。

2. 请使用SWOT模型,分析你最近经手的一个案例。

### 4.2.4 分析案例:证明关键能力

面试官有时会问求职者以下问题:

“你怎么看待××平台？

“你对我们公司的××产品怎么看？

“你对××社会现象如何看待？”

这时，求职者往往会从社会影响、营销模式、用户心理等角度侃侃而谈，但面试官似乎并不满意，是哪里出错了呢？

可能的原因是：求职者并未将自己与岗位相关的能力通过分析展现出来。

1. 分析案例，让能力可参照

在我招聘抖音短剧导演时，常常会问一个问题：“你如何看待抖音平台？”下面是三个求职者的回答，如果你是面试官，会倾向于录取哪一位求职者？

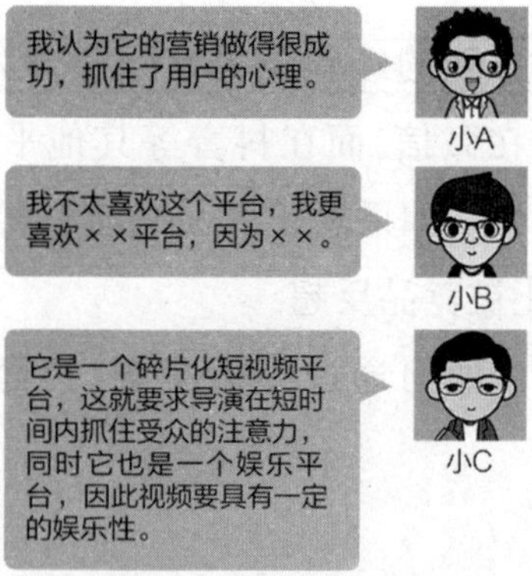


三位求职者对“你如何看待抖音平台”的回答对比

答案可能是小 C，因为小 A 和小 B 虽然也做了分析，但未体现自己有担任导演的能力。

那如何体现自己的能力呢？这里建议：通过定制分析案例的方式，让能力可参照。

所谓分析案例，就是通过分析目标公司的品牌、产品、策略等的方式，展现出与岗位相关的能力，从而获得录取机会。

有人可能会问:“分析案例,是不是要找出公司的缺点?”

这里不建议通过找缺点的方式做分析,因为求职者可能并不了解公司决策的真正原因,盲目分析可能会将自己陷入不利的境地。

2. 定制分析案例,展现关键能力

求职者可以通过三个步骤定制分析案例:把握关键机会、执行关键动作、总结关键洞察。

(1)把握关键机会。

求职者要抓住关键机会了解该岗位,包括与业内人士交谈、参与相关实践等。这可以帮助求职者了解岗位需要哪些能力。

(2)执行关键动作。

求职者通过执行关键动作,运用岗位相关能力,如尝试岗位类似项目,撰写行业相关文章等。

(3)总结关键洞察。

求职者对目标公司的品牌、产品、策略等进行分析,总结出一些关键的洞察,比如该岗位执行好的关键是什么,如何让更多目标受众购买产品等。

下面这个案例,会告诉你具体如何定制分析案例。

**案例**

**定制分析案例,斩获国内大型综艺Offer**

“你过往没有任何综艺背景,怎么证明自己能胜任这份工作呢?”浙江卫视某大型综艺面试现场,节目组负责人一针见血地问。

我没有犹豫,从包里拿出一沓厚厚的A4纸,上面是我花了两个晚上时间,对节目做的针对性研究报告。他翻了几页,脸上逐渐露出了笑容。

事情要从两个月前说起。那时，国内综艺《乐队的夏天》正风靡，其与众不同的犀利观点、真实人设以及高质量文化输出，深深地打动了我。

“如果能成为一名综艺编导，那该多好啊。”这个想法像是磁石一样吸引了我。

虽然当时的我只在广告公司做过策划，我却深信：这次我也能实现梦想！

问题是：没有编导的经历，会有人愿意让我尝试吗？

我想到一个方法：定制一个分析案例，让面试官知道我对综艺的洞察力，我将其分为三个步骤：把握关键机会、执行关键动作、总结关键洞察。

第一步是把握关键机会。

我在50个影视相关的群里发了自我介绍，询问有没有影视公司需要短期编导，只要能让我参与，免费的也可以。居然真的有个影视公司的CEO加我。

他说他们正在筹拍一套科幻喜剧，人工智能方向，每集10~20分钟。他说看了我公众号里分享的小说，觉得可以让我试试做编剧，问我有没有兴趣。我同意了。

第二步是执行关键动作。

由于我从没写过喜剧，为了了解喜剧，我在朋友圈寻找所有可能和影视有关的朋友，问他们怎么写喜剧。有个影视知名创作者回复：你可以去研究黄子华的栋笃笑。

我花了两个星期时间，看完了黄子华的所有作品，总结出一套喜剧的创作方法。三天后，我把精心准备的样章交付给影视公司。

那位CEO看了样章，觉得挺有意思，决定和我签约。

两个月后，我给各大综艺平台递了简历。不到三天，浙江卫视某大型综艺节目组就联系到我，让我参加编导岗位的面试。

第三步是总结关键洞察。

拿到面试机会的当晚，我看了他们最近三个月所有的剧集，然后到社交媒体上研究观众的评论，我还请教了影视领域的朋友，问他们如何看待这个节目。

之后，我从节目定位、人群、利益点、人设等角度，出了份定制化研究报告，并提出一些建议。

我还结合了几个我很喜欢的网络综艺节目，分析综艺的特点，并提出几个独创性观点。

最后，我把这些报告分类打印，每样 4 份，分别装订，方便现场给不同面试官看。

于是就有了文章开头这一幕。

这位节目的负责人看完方案，发现我提到了几个他自己都没想到的问题。那天，我们聊了三个小时，从国内综艺现状，到人设，到商业植入，彼此都很愉快。在面试结束时，他问我：

“这周五能来上班吗？希望你的加入能给这档节目带来新的气息。”

虽然最后，我出于个人原因没有加入，但和负责人的交流却让我坚定了决心：要真正创作出一些好的内容。

### 3. 绘制能力图谱，进一步展现关键能力

为了面试官更清晰地了解求职者的能力，求职者除了定制分析案例外，还可以从三个维度绘制自己的能力图谱：硬实力、软实力和加分项。我将以某产品运营的岗位需求（见下图）进行说明。

（1）硬实力。

硬实力指的是岗位所必备的能力。其主要包括解决问题的能力、业务思维、必备技能等。比如该产品运营岗位中，销售运营、活动

**职位详情**

销售运营 活动运营 用户运营 线上运营

营销策划 整合营销

岗位要求：（绩效考核佳者可达16薪）

1. 围绕线上营销、用户活跃、用户留存等目标设计新的用户产品链路及运营工具；
2. 主动管理负责的线上产品，主动为业务线的KPI负责，与产品、研发团队紧密合作，推进业务、推动产品履约落地；
3. 线上营销能力优化，能从目标用户的心理诉求出发，策划创新出多形态的运营活动，找到业务增长点。

任职要求：

1. 有3年以上互联网运营工作经验；
2. 熟悉用户、线上运营的要点，对用户数据敏感，善于抓住用户需求；具备整合营销策划能力和运营数据分析能力；
3. 善于统筹多部门协同配合，不断提高运营效率；
4. 熟悉2B运营者为佳。

某产品运营岗位需求

运营、用户运营等属于解决问题的能力；而熟悉用户、线上运营的要点，就是业务思维；设计产品链路和运营工具的能力就是必备技能。

（2）软实力。

软实力指求职者的动机、态度、素质等。如该产品运营岗位中，主动就属于态度，而对数据敏感、善于统筹多部门协同配合等就属于素质。

（3）加分项。

加分项指能帮助求职者更好胜任岗位的能力。如该产品运营岗位中，熟悉 2B 运营就属于加分项。

在整理上述能力后，我们就得到如下图所示的能力图谱：

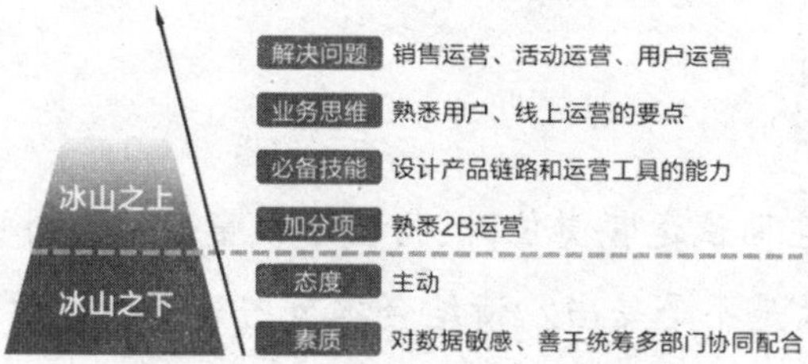


某产品经理岗位的能力图谱

接下来,我们会通过以下步骤更好地准备简历与面试:补全硬实力、强调软实力、争取加分项。

(1)补全硬实力。

对于岗位需要的硬实力,求职者需要在简历和面试中全面体现。比如,有的求职者会认为既然自己有销售运营能力、活动运营能力、用户运营能力,就不需要强调自己有整合营销的能力,但因整合营销还涉及对各渠道比重的分配等,所以也需要补充进来。

(2)强调软实力。

对于“主动”“对数据敏感”等软实力,求职者也应尽可能在简历和面试中强调,比如“在项目紧急时,主动牵头各部门参与会议”“三年内数据统计无差错”等。软实力决定了求职者的稳定性和可靠程度等,并非可有可无。

(3)争取加分项。

在保证硬实力和软实力的前提下,求职者还需要争取提及自己的加分项。比如求职者在实习时有对接 B2B 客户的经历,虽不是正式工作经验,也应在简历中提及。值得注意的是,求职者不需要刻意涵盖所有的加分项,比如面试程序员,岗位需求的加分项包括五种软件的使用,但求职者只熟悉两种,应按实际情况填写。

下一节,我们将进入案例面试法的最后一个部分的学习:惊喜案例。

## 思考题

1. 小王在面试运营岗位时，指出了大量目标公司目前运营的错误之处。这样做是不是妥当？请结合本节内容进行思考。

2. 请使用"补全硬实力、强调软实力、争取加分项"的方法来完善你的简历。

扫码看视频

### 4.2.5 惊喜案例：打开新局面

在前面的内容中，我们介绍了如何通过创意案例、应变案例、实战案例和分析案例，证明自己有胜任岗位的能力。但在实际工作中，我们难免要面临一些前所未有的挑战，比如打开新局面、创造新方向，这时，我们如何脱颖而出呢？

1. 哪些局面需要创造惊喜

作为求职者，不可能时时刻刻创造惊喜，但在以下局面中，惊喜会成为制胜的关键：

(1) 产品进入新市场。

当一个产品进入新市场时，常规的运营可能并不奏效，因为消费者需要新的内容创造记忆点。这时，求职者就需要展现自己独到的见解，为面试官创造惊喜，从而获得工作机会。

(2) 公司进入新阶段。

在一个公司进入新阶段时，往往会选择招募一些与以往截然不同的人才，为新的目标助力。比如公司过往的核心目标是积累粉丝，但新目标是促进转化，求职者如若参考以往的方法就不太适用，需要通过全新的方法创造惊喜。

(3)求职者进入新角色。

当求职者进入新角色,而其竞争者都是有多年行业经验的人时,就需要给面试官录取自己的理由,这时,创造惊喜就会有突破性的效果。

2. 定制惊喜案例,给出超乎期望的回答

(1)打造独特记忆点。

打造独特记忆点的秘诀是“聚焦变化”,比如目标公司最近推出了新产品、使用了新策略等,因为原有的方法不太可能做出太大的创新;随后,求职者根据这些变化,用尽可能容易记忆的方式,创造一个新案例。衡量的标准是:这个创意可概括成一句在5秒内就能够被理解的语言,比如“用绕口令挑战的形式,吸引顾客到店。”

(2)创建独特关联。

求职者要创造案例与面试官之间的独特关联,比如通过绕口令突出新品的元素、公司的特点等,做到这个案例无法给其他公司使用,体现求职者的诚意。

(3)反复强化。

求职者将案例的记忆点反复强化。

下面,我们来看一个例子。

**案例**

**定制惊喜案例,让我有幸体验了一次主播的角色**

一家知名港式连锁饮品品牌找到我们公司,希望我们作为供应商之一参加比稿,提供全年度抖音营销解决方案。

这是一场特殊的“面试”。对方是茶饮领域颇有地位的老字号品牌,如果能拿下这个项目,一定会为公司与字节跳动建立长期合作,打开本地生活市场有很大帮助。

问题是，作为提案主要负责人的我，之前并没有抖音策划和直播的经验，而这个项目最重要的就是提供活动策划和直播的服务。怎么让他们相信我们有这个能力呢？

第一步是打造独特记忆点。

我参考了很多抖音活动传播案例，里面的创意让人眼花缭乱，比如：创作歌曲、话题挑战赛、造梗等，但很少给我留下深刻的印象。就好像这些创意给这个品牌或那个品牌，都没什么不同。如何打造一个专属于品牌的创意呢？

做了大量工作后，我把目光锁定在该品牌最近推出的一款新品：桃气瓜瓜柠檬茶。

这款茶饮很适合在夏日推广，产品名也颇有特色，如果配合出色的创意，一定能火。

刷了半小时抖音找灵感，一则视频吸引了我的注意。画面上，一个雪人在唱歌："你爱我，我爱你，蜜雪冰城甜蜜蜜……"

那是我第一次看到那条视频，一道火花在我脑海中闪过：也许简单的创意，反而更有效？

于是我写下了一段顺口溜，为品牌创造了独特的记忆点："手捧瓜瓜顶呱呱，手捧瓜瓜笑哈哈。桃顶呱呱，瓜顶呱呱，柠檬配茶顶呱呱。"

第二步是创建独特关联。

绕口令写完了，谁来念呢？之后的几天，我发动公司的小伙伴找了很多达人，有美食领域的达人"小姐姐""大胃王"，还有几个"小帅哥"，但始终觉得缺乏记忆度。

后来，一个账号映入了我们的眼帘——朱厘米：上海爷叔，国家一级面点师，热爱分享上海美食。

这不正是我们要找的人？他够"经典"：代表着传统美食的匠心和传承；也够"新"：抖音网红，广受年轻人追捧，连 b 站的美食大号盗月社食遇记、绵羊料理也是他的粉丝。不正和这家经典的港式茶饮品牌有异曲同工之妙?

第三步是反复强化。

几天后,我们把精心准备的提案发给了客户,没多久,对方对接人发来消息:

“我们总监对你的创意很感兴趣,想问问你有没有时间,来两天后的品牌直播活动担任主播?”

我诚惶诚恐:敢情又给我安排了一场“面试”?岗位还是抖音主播?

直播当天,我来到字节跳动大厦,里面有间办公室被专门改造成直播间。在这里,所有人都井井有条地忙碌着,没有一个人看我。我突然紧张起来:我真的能做到吗?

简单核对了产品卖点后,马上开播。3—2—1倒数后,灯光直愣愣地打在我脸上,突然有人对我说:

“下去!下去!”

我吓了一跳,抬头看见导演指着我的胸口:原来是我太过紧张,忘了摘进门卡了。

准备了半小时的逐字稿,10分钟就讲完了。没想到一场直播(见下图)的时间居然这么长。眼看着场观的数字一点点上涨,我头脑一片空白:

“下一句该说什么?要不要让他们加入粉丝团?是不是开始抽奖了?”

突然,我脑中闪过一个奇妙的想法:

“既然顺口溜是我的优势,不如把这个优势发挥到底!”

这时正好进入抽奖环节,我突发奇想说道:“现在,我来念一段顺口溜,停下的时候,我们就开始倒数好吗?同意的观众扣个1。”

没想到,观众很喜欢这个创意,评论区瞬间成了“1”的海洋。

直播现场图片

那场直播，我一共念了10段顺口溜，获得了热烈的反响。直播结束后，他们总监特意跑来对我说："要不你来担任我们品牌的特别主播吧？我感觉你很有观众缘。"

最终，我们公司拿下了与那家品牌的年度合作，朱厘米也亲自念了我写的顺口溜。现在去他的抖音主页，还能看到那条有趣的视频。

3. 三个锦囊助你打造惊喜

(1)思维更高一层。

所谓思维更高一层，就是从公司的角度出发，更好地思考公司和用户的需求。比如面试产品经理的岗位，公司要求求职者设计一个小程序。对于普通的求职者,可能只会思考如何让一个活动出彩,但如果站在公司的角度,每个活动都是全年计划的一部分,如果求职者能考虑到这个活动与其他活动的关系,就能创造惊喜。

(2)从合作出发。

此外,求职者还需要从合作关系出发思考问题。比如文案需要考虑设计师的感受、编剧需要考虑导演的感受等。比如,在面试编剧岗位时,求职者可以预先考虑哪些场景是容易拍摄的,如何让文字有画面感等,也可以创造惊喜。

(3)聚焦盈利本质。

还有一个创造惊喜的秘诀是,找到公司或项目盈利的关键。比如作为公司的设计师,发现续费是公司盈利的关键,就可以创造系列设计促进续费,或者定制设计续费包,更好地帮助公司盈利。

以上,就是案例面试法的全部内容。通过案例面试法,求职者可以弥补经历的缺失,更好地体现自己的能力。在下一章中,我将分享如何通过资源面试法,获得更多面试录取的筹码。

## 思考题

1. 求职者在哪些局面需要创造惊喜？请结合本节内容进行思考。

2. 请结合三个锦囊和你最近要面试的岗位,思考如何让惊喜更进一步。

# 第5章 获得关键资源，提升竞争力

在这一章中，我们将会介绍资源面试法，即如何通过积累资源提升竞争力，获得更多机会。

## 5.1 资源面试法是什么

在很多公司的招聘简介中，我们会看到这样一句话：以有相关资源者为佳。此时，求职者往往产生退缩情绪："我没有相关资源怎么办？是不是不会被录取啊？"要解答这个问题，首先我们需要了解资源是什么，以及它对求职者有何帮助。

### 5.1.1 资源是获得信赖的渠道

有很多人认为，资源就是客户，因为在具有销售性质的岗位中总是可以看到这个要求。但如果我们仔细研究资源的定义，特别是社会资源，会发现它是为了应对需要，满足需求，所有能提供且足以转化为具体服务内涵的客体。这意味着，资源并不单指客户本身，而能源源不断为公司创造财富的才是真正的资源。

互联网时代，我们发现越来越多的职业人士开始设计自己的社交页面，包括但不仅限于：人力资源师、律师、医生、心理咨询师等。比如律师会分享他遇到的案例，向潜在客群展现专业度；医生会分享日常工作的情景，展现他丰富的诊断经验。为什么呢？

因为他们的社交页面就是他们的资源，可以帮他们获得更多的信赖。那为什么公司会看重求职者的资源？这主要有以下四个原因：

1. 资源能带来声望

比如消费者在选择律师时，会更看重他的声望。但律师这个行业具有高度私密性，消费者如何判断律师的声望呢？一个方法是：看他在社交页面上呈现出的形象是否专业。因此，公司也倾向于录取有一定影响力的律师，为公司带来声望。

2. 资源能带来信任

如果公司想接手一个新项目，如何快速说服客户？一个方法是：带一个在该领域已有丰富资源的人去谈，比如这个人是新媒体平台的名人，那客户也会更相信他能做好新媒体项目。

3. 资源能打开局面

当一个新项目投入市场，如何在节省预算的情况下，快速测试效果？靠资源。比如求职者将丰富的社群资源转发到相关社群中进行测试，观察消费者的意愿。

4. 资源能传播口碑

一个项目成功后，执行人通过社交页面分享案例，可以吸引更多项目合作。好的口碑，是基于真实的社交关系进行传递的。

那么，资源如何帮助求职者取得面试的成功呢？

### 5.1.2 好的资源，是决胜的筹码

资源主要解决的问题是：帮助求职者在背景类似的情况下，尽可能地展现自己的潜力。

比如有些求职者会在简历上附上自己的社交页面链接、新闻稿、出版书籍等，又比如在与求职者初步沟通后，HR 往往会添加求职者的微信，看他的朋友圈，形成初步印象。那资源对求职者的具体作用有哪些呢？

#### 1. 资源能展现思想

比如在面试市场营销人员时，面试官通常会问的问题是："你对市场热点敏感吗？"如果求职者会在社交页面上探讨热点，并取得不错的互动，就能直观地体现自己的敏锐度。

#### 2. 资源能展现热情

某些求职者的能力固然不错，但不能证明他在某行业有坚持的决心。此时，HR 就会从积累的资源判断求职者是否有足够的热情。比如他已经出版过该行业的书籍，或者持续输出该行业内容，就更有说服力。

#### 3. 资源能展现能力

如果求职者在某领域可以持续吸引到客户或关注者，那面试官也更有理由相信，他具备相关能力。比如应聘视频号运营，那求职者自己视频号的稳定增粉就能说明他的能力。

面试不是打扑克，而是玩 UNO（优诺，一款桌面游戏），你可以不断积累新的牌（指资源），并利用这些新牌打出出奇制胜的效果。那么，求职者通过哪些资源，可以获得更多成功？

### 5.1.3 哪四种资源,可以获得更多成功

1. 个性名片

个性名片是指能展现求职者特征的窗口,包括但不仅限于个人网站、朋友圈、公众号、视频号等。打造个性名片的作用是展现差异,即求职者在某细分领域有哪些过人之处。求职者可以通过构建差异定位、提供独创观点、打通关键资源来打造个性名片。

2. 社交阵地

社交阵地是指求职者持续输出内容和方法的渠道,包括但不仅限于论坛、媒体、平台等。构建社交阵地的作用是获得尝试机会,让关键决策人看到自己的成果。其步骤包括稳定内容输出、差异竞争思维、专业自我包装。

3. 专业背书

专业背书是指能体现求职者影响力的成果或荣誉,包括但不仅限于受知名媒体采访、出版书籍、获权威人士推荐等。升级专业背书的作用是营造信任基础。求职者可以通过找到普适话题、挖掘个人差异、聚焦共鸣场景获得专业背书。

4. 个人 IP

个人 IP 是指以个人价值观或特征为核心,创造出的一系列产品或方法论,包括但不仅限于课程、付费频道、训练营等。强化个人 IP 的作用是获得惊喜机会,步骤包括挖掘优势领域、提炼通用方法、进行场景延伸。

下一小节,我会就这四种资源进行详细解释,告诉你如何通过它们提升自己的竞争力。

## 思考题

1. 小王去应聘HR的岗位,当面试官问他有何资源时,小王回答:"我认识30名有目标岗位经验的人士。"请问小王的回答有何不妥?请结合"资源是获得信赖的渠道"进行思考。

2. 小李对导演行业很有兴趣,但由于他是应届生,面试官担心他只是一时兴起,请问小李如何证明自己的热情?请结合"资源面试法"进行思考。

## 5.2 四种资源,帮你获得面试官青睐

上面,我们已经了解到有四种资源可以帮助求职者提升竞争力。它们分别是个性名片、社交阵地、专业背书和个人IP。下面,就让我们一一学习吧!

### 5.2.1 打造个性名片:制造鲜明差异

现在,越来越多的求职者会在简历上附上自己的个性化名片,比如b站账号、公众号、小红书等,有许多账号的粉丝甚至达到百万级别,但有趣的是,高级别粉丝的账号未必会提高求职者录取的可能性,为什么呢?

1. 个性名片,是展现差异能力的窗口

很有可能的一个原因是,这些个性化名片没有展现出求职者的差异能力。

(1)没有构建差异定位。

对账号有精准的定位,是体现求职者能力的关键。部分求职者提

供的个人账号内容混杂，个人定位不清，比如今天是心理学内容，明天是日记，后天是情感文章，这会让面试官无法把握重点。另一些求职者虽然有定位，但定位过于笼统，比如热点资讯、社会新闻等，这样尽管会吸引很多粉丝，却不能展现自己在工作中的优势。

(2)没有提供独创观点。

有些求职者的个人账号主要是搬运其他人的观点，包括对网络素材的汇编与整合。这样的账号即使拥有大量粉丝，也只是证明有良好的信息采集能力，但很多行业还需要求职者进行创造性工作，而没有独创观点的账号的价值也有限。

(3)没有打通关键资源。

有些账号的内容很优秀，但没有被合适的人看到。比如求职者在心理学上很有建树，但其内容并没有被心理学机构看见，因此没有获得合适的机会。

### 2. 如何打造出有效的个性名片

这里建议求职者通过三个步骤打造自己的个性名片。

(1)构建差异定位。

差异定位来自与众不同的经历。比如，某位求职者之前是某明星粉丝会会长，对明星的人设定位颇有研究，就可以开始人设打造相关的账号；又比如，某位求职者对中国文化颇有研究，同时又具备心理学基础，就可以开设中国文化背景下的心理学账号，塑造差异。

(2)提供独创观点。

独创观点来源于对行业的观察，特别是行业痛点与消费者痛点。比如，某位美妆博主发现，很多消费者并非不会化妆，而是不懂"有效化妆"，就可以提供关于有效化妆的内容。

(3)打通关键资源。

关键资源是指能帮助求职者获得机会的资源。比如，某位求职者对招聘领域很有研究，就可以和各高校合作，从切实解决应届生工作问题出发，提供内容，获得更多机会。

让我们来看下面这个案例。

**案例**

**打造个性名片，为我带来十万粉丝**

毕业第一年，我决心成为一名文案工作者。当时，我的几段实习经历都与财务有关，投了无数简历都石沉大海。有人建议我可以到报社投稿，或者接些兼职文案的工作积累经验，但我注意到，身边越来越多的年轻人开始进入自媒体赛道。

“如果我也有十万粉丝，还愁找不到工作？”当时我想。

没想到，这句话在六个月后就成了现实。

那时我有个知乎账号，就尝试在上面答题，不管什么题都答：恋爱、心理学、人际关系，甚至怎么写童话。坚持写了两个月，有了一些收获：20个粉丝。

我开始观察一些知乎名人，看他们怎么写。我发现他们都有一些共同特征，比如定位差异化、观点独创化、拥有相关资源等。

于是我决定通过以下步骤打造我的个性名片：构建差异定位、提供独创观点、打通关键资源。

第一步是构建差异定位。

我问自己：我有哪些经历是别人没有的？

在我频频面试，却总是失败时发现，我之所以被拒，是因为某些自身难以注意到的原因。比如有一次，面试官就忍不住跟我说：“其实你可以买一面大一点儿的镜子，这样就能看清哪里的粉底没涂匀。”

再比如，在学校上学期间，我常常公开演讲，这让我觉得播音腔是一种优势。但在面试时，播音腔就会让面试官露出尴尬的神情。

这些失败的经历，恰恰是我区别于他人的地方。如果我把账号定位成“有趣的职场经验”，说不定会有不少人关注。

坚持写了几天，粉丝数开始稳定增长。甚至有人私信我，让我给他做面试辅导。

第二步是提供独创观点。

我注意到一个有意思的现象：大部分求职者面试失败，不是因为不够优秀，而是他们总是忍不住提到很多与岗位无关的优势。比如在面试财务实习生时，他们会说“我是学生会主席，曾组织过35场羽毛球大赛”；再比如，在面试人力专员时，他们会说“我是学校售书大赛连续5届销售冠军”。

就好像患者说自己的手断了，医生回答：“我是全口腔科最好的医生，凭借自己丰富的经验治好了很多溃疡，要不你的手也让我试一下？”这显然是很荒谬的。

于是，我把这些思考写成回答，发布在知乎上，希望对职场新人有所帮助。

这些独特的观点，给我赢得了很多粉丝。

第三步是打通核心资源。

我注意到一些知乎名人会把联系方式留在回答底部。我就主动联系他们，让他们把我拉进粉丝群。我会不时分享一些回答在群里，没多久，一位知乎名人找到我，说对我的文章很感兴趣，愿意免费帮我写一篇文章推广。

那一天，我通过知乎主页这张个性化名片，实现了粉丝日增2000的“小目标”。

有了初始流量加成，我的粉丝增长速度就快多了，不到六个月，我各大媒体平台的粉丝就突破了十万。

后来，我通过我的知乎账号，获得了人生第一份新媒体文案的工作。

未来，简历可能会有更多的形式，比如一部用手机完成的独立电影，一个用开放平台设计的小程序，甚至元宇宙里一个原创的NFT（非同质化通证，是一种可在区块链上记录和处理多维、复杂属性的数据对象，英文名称为Non-Fungible Token）。作品往往比文字更有说服力。感谢技术的发展，让我们可以尽情地展现自己的能力。

3. 如何优化个性名片

这里建议通过个人品牌模型优化个性名片。下图是我根据360°品牌资产模型延伸打造的个人品牌模型。它主要包括六个部分：形象、视觉辨识度、目标受众、产品、信誉和推广渠道（见下图）。

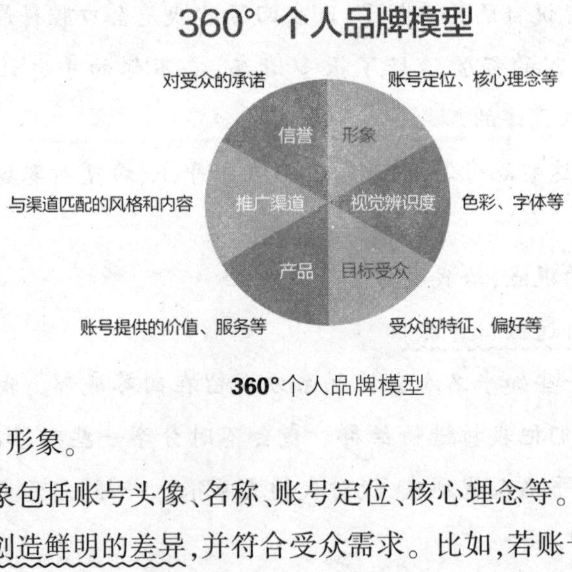


360°个人品牌模型

（1）形象。

形象包括账号头像、名称、账号定位、核心理念等。打造形象的关键在于创造鲜明的差异，并符合受众需求。比如，若账号名为“心理杂谈”，则无法突出鲜明差异，若为“听见她们·专业女性心理”，则可以体现出鲜明差异；若账号名“×哥随笔”，则无法符合受众需求，若为“×哥金融观察”，则符合受众需求。

（2）视觉辨识度。

除了精心设计符合品牌理念的头像外，求职者在产出内容时，也要遵从基本的视觉原则，比如每篇文章选用相同的主色、辅色、亮色，字号须统一等。面试官不一定会仔细阅读每篇的内容，但整体风格决定了第一印象。

(3)目标受众。

目标受众可以在账号简介中得以体现，主要展现对于目标受众的价值。如以介绍锅具为例，若账号为“为你推荐全球好锅”，则可能不符合消费者的需求，可改为“教你用对锅做好菜”，因为做好菜才是消费者买锅的目的。

(4)产品。

这里的产品是指账号提供的价值和服务等。其关键在于能与受众产生连接。比如提供市场信息的账号，其目的是为受众提供决策依据，那么对信息的解读就会提升账号的价值感。

(5)信誉。

信誉是指对受众的承诺。比如，某抖音账号会在个人简介中写“7天无理由退换”，或者“每天 21:00 直播”。好的信誉能体现出求职者对待工作的态度。

(6)推广渠道。

账号的风格和内容要符合它的推广渠道。比如，求职者的内容主要以文字为主，但推广渠道在 b 站，就应该将文字转化成可以理解的画面，符合受众的观看习惯。

下一小节，我将跟大家分享如何通过构建社交阵地，争取尝试机会。

## 思考题

1. 小陈打算应聘宠物视频剪辑师的岗位，为此，她决定打造一个个人账号，叫作“陈姐漫谈”，这个定位合理吗？请结合“展现差异能力”进行思考。

2. 小何想要做一个讲家具的账号，定位是“为 10 万人讲好家具”,你能帮小何优化一下这个定位吗？请结合个人品牌模型中的“目标受众”进行思考。

### 5.2.2 构建社交阵地,争取尝试机会

除了传统的投递简历之外,现在也有部分求职者通过社交媒体寻找机遇,比如领英、脉脉、知乎,甚至小红书。因为在社交媒体上,求职者可以直观地展现自己的思想、能力、影响力等。但有时候,社交阵地反而让求职者失去机会,比如下图中我与某求职者的对话。

我与某求职者的对话

上述对话会让面试官认为求职者对账号缺乏规划,从而延伸出其对工作也缺乏规划。那如何构建社交阵地,才能为求职者加分呢?

1. 社交阵地常见误区:缺乏系统方法

求职者在社交阵地上常见的误区,是在于没有运营社交阵地的系统方法。其包括以下三个方面。

(1)没有稳定的内容输出。

稳定的内容输出包括稳定的风格、主题与更新频率。有些账号的规划很散乱,今天是小清新风,明天是文艺范,后天是犀利风,这容易让面试官怀疑求职者没有特别擅长的风格,也没有对观众偏好进行总结。

(2)没有差异的竞争思维。

比如做美妆类的账号很多，即使求职者模仿某位名人，前期积累了大量粉丝，依旧可能得不到面试官的垂青，原因是同质化的内容容易产生审美疲劳，在竞争后期会逐渐失去优势。

(3)没有专业的自我包装。

很多时候，并不是账号的内容不好，而是创作者缺乏对账号本身的包装。比如简介部分，部分求职者就写得很随意："不定期输出一些感悟类内容"，这就会让面试官认为求职者对账号缺乏仔细的规划。

那么求职者如何提升自己社交阵地的专业度呢？

### 2. 构建系统化社交阵地的三个要点

(1)稳定的内容输出。

社交阵地更新的频率不必很高，但至少要有10篇风格固定的内容，此外还要对整体的逻辑有一个完整的思考。比如，某账号的定位是职场指南，但篇与篇的内容间可能存在冲突：某篇文章建议要维持轻松的职场心态，但另一篇却建议职场中要时刻保持警惕，在此情况下，作者应当区分出不同的情况，保证逻辑无误。

(2)差异的竞争思维。

差异竞争的思维是指选择能体现自己优势的细分领域，从而避免审美疲劳。比如，同样是美妆领域的账号，某位求职者选择从美术生角度分析流行妆容，这可能会引起面试官的兴趣，因为这意味着求职者有独立思考的能力，也更有可能为公司产出独创性的内容。

(3)专业的自我包装。

账号应当给出清晰的定位，告诉受众该期待什么。比如"服务于女性的心理成长平台"，或是"面试技术流"。另外，每篇文章头部的关注引导和尾部的作者简介，也是很好的个人展示空间。相对于传统的文字形式，现在很多创作者偏爱使用动图和可交互图片的形式抓住受众的眼球。比如某心理学公众号就使用一只蝴蝶破茧的动图作为顶图，象征着每位来访者都能破茧重生。好的宣传图片能给面试官留下深刻的印象。

接下来，请大家来看一个案例。

**案例**

**构建社交阵地，帮我获得了喜剧编剧的工作**

在前面我曾提到过，靠自己的公众号，获得过一份喜剧编剧的工作。这听起来不可思议，那我是怎么做到的呢？主要凭借的是三个要点：稳定的内容输出、差异的竞争思维、专业的自我包装。

第一是稳定的内容输出。

我的公众号是以轻科幻小说为主题的。当时人工智能的概念大热，我国相继推出了多部人工智能相关题材的电视剧，在此背景下，我以人工智能与生活相结合的主题，推出了20余篇相关的小说，每篇小说以诙谐的语言切入，展现了普通人生活中的烦恼，如容貌焦虑、爱情中的不确定性、升职压力等，并形成了自己的风格。

第二是差异的竞争思维。

我并没有像大多数创作者一样写人工智能保姆入驻普通家庭的桥段，而是专注于科技与社交之间的关系。比如一篇故事中，我以三代人不同的爱情观为切入点，描写了作为新潮范儿的李詹妮和她的弟弟在互联网上迷恋与机器人谈恋爱。他们追求短暂的新鲜感，却在阅读1990年出生的奶奶的qq空间时，感慨于过去爱情的纯粹和美好。那时的人们在《迷迭香》的曲调中眼波相送，通过转发《青春修炼手册》的方式含蓄示爱。“从前车马都慢，一生只爱一个人”是奶奶qq空间的签名，也唤起了他们对真实爱情的向往。

第三是专业的自我包装。

除了精心设计的头像与简介外，我还特别设置了自动欢迎语，告诉"看客"这个公众号的主题和风格,以及如何快速找到想要的内容。比如喜欢超现实主义科幻,可以回复01。

我将这篇小说转发到多个影视群之后,有个影视公司的CEO找到我,希望我成为他公司的某人工智能科幻系列喜剧的编剧。他说,因为看了我多篇风格鲜明且统一的科幻小说,因此他相信我有扎实的创作功底。就这样,我通过差异化且高质量的内容,获得了签约的机会。

3. 面试时如何展现自己的社交阵地

除了构建专业的社交阵地外,面试时展现社交阵地的方式也十分重要,有时可能对面试结果有决定性的影响。这里,推荐三个展现社交阵地的技巧:高度概括、阐述贡献、找出典型。

(1)高度概括。

求职者需要通过简单易懂的语言,概括账号的特点。需要注意的是,概括时不应太过笼统,应当提及主题、目标受众和成果。比如下图中两位求职者面试剪辑师岗位时的情况。

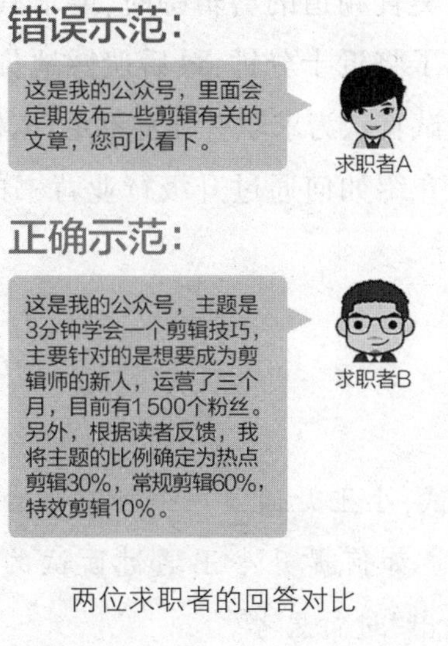


两位求职者的回答对比

从上图我们可以看出，对账号的清晰描述，可以帮助面试官判断求职者对账号有无规划、运营水平如何，还能快速理解账号内容。

(2)阐述贡献。

展现账号另一个常见的误区是：只阐述账号的成果，未描述自己在其中贡献的程度。比如，有位求职者曾向我展示一个百万级别的账号，当我问他在其中扮演什么角色时，他回答："我一个人负责了所有工作。"

但我注意到，这个账号在拍摄时会有其他人员出镜，比如摄影师、化妆师等，后来他坦言，自己只是承担了前期编剧的工作，并未参与拍摄与剪辑。

求职者需要尽可能清晰地阐述自己的贡献，对于自己未参与的部分，应谈及水平到何种程度，如"我虽然没有参与拍摄工作，但在拍摄时有时也会提供一些建议，比如人物的表现、打光等，被采纳的比例较高。"

(3)找出典型。

求职者还应准备好能代表自己水平的典型作品向面试官展示。比如，我在招聘一位美食频道的剪辑师时，要求其展示和美食相关的作品，他在账号中找了将近十分钟，最后遗憾地告诉我未找到。这样的行为，可能会让面试官认为求职者诚意不足，未做针对性准备。

下一小节，我会介绍如何通过升级行业背书的方式，提升面试官的信任基础。

## 思考题

1. 为了准备面试，小王开通了一个社交平台账号，并发布了一篇内容。如何提升小王通过面试的概率？请结合"稳定内容输出"进行思考。

扫码看视频

2. 分析你自己的社交阵地，或者你喜欢的某个账号，阐述其主题、目标受众和成果。

### 5.2.3　升级专业背书：营造信任基础

参加过群体面试的朋友知道，在面试前，企业往往要求每个成员做一个自我介绍，有人会说“我来自世界500强企业”，有人会说“我曾服务世界500强企业”，有人会说“我毕业于某知名大学”，这三者分别是企业背书、项目背书、教育背书。但有些求职者往往没有相关背书，因此面试时压力颇大。别担心，求职者还可以升级自己的专业背书，获得面试官的信任。

求职者为自己升级的专业背书包括权威认可（比如受到过知名媒体访问）、成果背书（比如出版过类似书籍）、粉丝背书（比如在专业平台有多少粉丝）等。

但有人会说：升级这些背书绝非易事，普通人是无法做到的。凡事无捷径，但只要你有想法肯努力，相信会有不一样的收获。

#### 1. 升级背书需要实现的三个目标

当我们浏览社交网站的时候，会发现很多作者年纪轻轻，简介中却有不少相关背书，比如是某知名网站签约作者、某书籍作者。据我观察，大部分作者是聚焦一个擅长的细分领域，然后把这个领域的优势放大，最终获得令人羡慕的机遇。

在强化个人优势时，需要实现以下目标：

（1）提高曝光量。

很多人聚焦细分领域多年，但始终没有获得很多“粉丝”的关注，原因是曝光的基数太低，如果查询一下自己的关注列表，就会发现，有很多喜欢的账号实际上是在浏览热点话题时关注的。比如某位心理学博主用心理学现象解释了某热点；某职场博主通过点评某知名职场节目来获得“粉丝”的关注。所以提高曝光量是获得专业背书的前提条件之一。

(2)聚焦特点。

比如,某剪辑新手想运营一个剪辑账号,打算模仿他人拍摄分析电影的视频,但由于自己的阅片量不够,制作的内容很难获得关注。更好的做法应该是找到自己的特点所在,比如可以推荐剪辑新人必看的100部电影来吸引合适的受众。

(3)获得共鸣。

专业的知识可能对受众很有价值,但情绪价值的作用也不容忽视。一则能引发他人共鸣的内容,比纯理性的知识更能获得点赞,从而引发更大程度的曝光。比如文章名为《为什么职场中的老员工很多都不愿带新员工》,可能比《如何提升职场沟通力》更能获得共鸣,因为这一现象可能是读者正在经历的。

那针对这些目标,有哪些解决方案呢?

2. 如何实现升级背书的三个目标

(1)找到普适话题。

求职者需要积极关注有普适性社会价值的话题,并在这些话题下,持续发表观点。

什么是普适性社会价值?简单来说,就是“够典型,有意义,不可回避”。

①够典型:现实生活中普遍存在的某个或某类问题,代表了某个群体的基本利益。

②有意义:解决这个问题,可以让这个群体重塑生活信心,或改善现有的生活方式。

③不可回避:这个问题在这个群体的生活中会反复出现,且无法通过简单的方法解决。

(2)挖掘个人差异。

要找到与其他人“不一样”的点。比如求职者曾成功从公务员转行当律师，这段经历就很有价值，因为没有相关背景，转行通常是极其困难的。当他们阅读了这段经历，可能会收获一些之前没有的洞察。

(3)聚焦共鸣场景。

此外，求职者需要聚焦几个能激发受众共鸣的场景，把情感效应放大。求职者可以在日常记录下令自己感触深刻的场景，也许某天会成为踏入某个关键领域的“进门卡”。

下面，请看一个案例。

**案例**

**我在知乎上发了篇文章，得到了《新世相》的采访**

有一回，我在知乎上发了一篇文章。两周后，有个人找到我，说自己是《新世相》的编辑，正在写一篇关于“斜杠青年”的文章，希望采访我，让我谈谈对做副业的看法。

我那篇文章回答的问题是“你听过或见过哪些有趣的工作”，里面我这样写道：“作为一个帮人解决问题的人，最有趣的地方就是：每一天都是新的，不知道会遇到什么挑战。”

她觉得这段经历很有意思，而且很有社会价值，因为通过副业成就人生梦想，正在成为越来越多年轻人的渴望。那么，我是如何获得被知名媒体采访的机会？

第一，找到普适话题。

作为一名职场博主，我经常在社会热点话题下发布看法。

比如“35岁失业焦虑”的话题就具有普适性社会价值。因为互联网时代的巨变，为很多传统行业和旧模式带来了冲击，原有的经验和技能不再适用，迫使着很多人做出改变。

再比如，“‘00后’员工不听领导的话就离职”的话题也很有代表性。因为很多公司负责人会发现，“00后”常常理直气壮地拒绝加班，如果他们不同意你的看法，可能会直接顶撞。这背后的深层原因是：新一代是在互联网的风口浪尖中成长起来的，接触的信息都很透明化，这就意味着他们不容易受到传统观念的束缚。

第二，挖掘个人差异。

比如我在文章中写道："我的副业就是'为人解决问题'。解决什么问题呢？比如你的简历投出去石沉大海，我就可以帮你改到让HR眼前一亮；比如你不知道如何将PPT排版精美，就可以参加我的零基础排版课程。我帮公司领导写过答谢哈佛校长的感谢词，帮我的前任主管找到过工作，为电影公司写过人工智能主题的微电影。"

有别于他人的副业，就是我的个人差异。

第三，聚焦共鸣场景。

比如在我的那篇知乎文章里，就提到了我帮一位知名传媒公司副总监转行的经历。文章里我这样写道：

"我还记得那位在公司高层叱咤风云的人物，在某个下小雨的夜里，给我打电话，说：'我遇到了中年危机'。

"他在自己擅长的领域待了17年，升职速度超过所有同龄人，有过一次失败的创业，终于决心要转行。在电话里，他说：'你老实回答我，在你一个毕业三年的孩子眼里，我是不是特别没用？'

"我思忖片刻，然后回答：'其实，您只是一个优等生，凭借智慧和努力，一路获得老师的青睐。现在，您离开了'象牙塔'，开始思考自己想要什么，仅此而已。'

"他沉默了片刻，然后说：'你懂我。'"

直白的说教，可能把观众越推越远，但真实的细节，能令他们驻足。

### 3. 升级专业背书的三个进阶技巧

接下来，我会推荐升级专业背书的三个进阶技巧。它们分别是：

合作出发、逐步推进和毛遂自荐。

(1)合作出发。

求职者应当从合作的角度思考自己能带来的价值,可分为三个步骤:分析需求、提供方案和创造共赢。

第一,分析需求。比如,求职者想要出版自己的书籍,就要了解不同出版社的内容风格、题材类型等;再比如,求职者想要成为某平台的讲师,就要了解讲师的招聘要求、所需的课程风格等。

第二,提供方案。求职者在分析需求的基础上,主动提供解决方案。比如选题申请,可以准备好大纲和样章;应聘某平台讲师,可以预先录制自己的课程小样。

第三,创造共赢。在此基础上,求职者可以编辑一段文字内容,告诉对方与自己合作有何益处,比如自己丰富的行业经验,能为培训公司生产出优秀的内容。

(2)逐步推进。

求职者可以通过多次合作,不断升级自己的专业背书。比如,求职者如果想增加剪辑行业的背书,可以先运营与剪辑相关的账号,在积累一定的粉丝后,主动与各平台联系,成为平台讲师;在取得一定成果后,可发布新闻以获得更大范围的关注。

(3)毛遂自荐。

在互联网时代,求职者可以通过社交媒体联系到任何想联系的人。比如我曾想申请成为某知识平台的讲师,通过多个社交平台触达该公司的CEO,最后在其公众号后台的客服系统中获得了该公司的回复。

下一小节,我将分享资源面试法的最后一个版块,如何通过强化个人IP,获得惊喜机遇。

### 思考题

1. 如何避免自己的账号产出的内容过于枯燥？请结合“聚焦共鸣场景”进行思考。

2. 小赵想申请成为她最喜欢的商业公众号的运营，她应如何得到这次机会？请结合“分析需求、提供方案、创造共赢”进行思考。

扫码看视频

## 5.2.4 强化个人IP：获得惊喜机遇

不少求职者对面试官询问关于方法论的问题时感到头疼，比如：

“你在社群运营方面有哪些方法论？

“你在内容运营方面总结了哪些方法？

“关于用户增长你有哪些结论？”

这时，部分求职者无法给出恰当的回答，因为他们对方法论这个词没有明确概念。

### 1. 方法论不是经验论

方法论是一种以解决问题为目标的理论体系或系统，通常涉及对问题阶段、任务、工具、方法技巧的论述。这里包括以下两个重要概念。

（1）解决问题。

方法论解决的是一些具体的问题。也就是说，求职者首先要辨识出可能会遇到的问题。比如面试官问：“你认为运营好社群有哪些方法论？”下图是两位求职者的回答，试着比较一下，如果你是面试官，会更倾向于录取谁？

两位求职者的回答对比

答案是小B,因为小B识别出了运营过程中可能存在的问题,并根据这些问题作答。而小A只是总结了经验,并非针对某个具体问题。

(2)体系。

体系意味着方法可复制。碎片化的方法可能有用,但不代表求职者在新岗位上依旧能发挥出色。我曾辅导一名学员面试销售经理的岗位,在询问他指导下属有哪些方法时,他回答:"我辅导下属的诀窍就是树立一个榜样,然后让大家跟着这个榜样学习。"

这确实是一个不错的经验,但不一定可以被复制,因为不是所有团队里都有适合当榜样的人选,好的方法论应该涉及不同的情况。比如,当团队没有榜样时,应如何发现榜样;当榜样发现后,应如何树立榜样;在树立榜样后,应如何创造更多的榜样。

从上述论述我们可以发现,方法论和经验论的差别在于:经验论只是对成就事件进行总结,而方法论在总结成就事件的基础上,还会提炼通用方法、进行场景延伸,从而适应新的挑战。

### 2. 个人IP,是解决问题的方法论

那么,如何向面试官证明,自己拥有解决问题的能力呢?

有的求职者选择总结经验,然后随机应变;另一些求职者则准备更加充足:他们会强化自己的个人IP,从而获得惊喜机遇。

个人 IP 是指以个人价值观或特征为核心，创造出的一系列产品或方法论。其包括但不仅限于课程、付费频道、训练营等。求职者可以通过以下步骤强化个人 IP。

(1)挖掘优势领域。

求职者在过去的经历中挖掘 3~5 个成就事件。比如接手新项目后如何快速上手、遇到挫折时如何扭转局面等，从中找到自己的优势领域。

(2)提炼通用方法。

求职者在这些成就事件中提炼出一些通用的方法。比如为了协调不同部门的需求，某管理者采取了求同存异的方式，强调双方的共同目标，在其他方面允许不同意见的存在。“求同存异”就是他的通用方法。

(3)进行场景延伸。

求职者根据这些通用方法延伸出在不同场景下的执行模式。比如与领导沟通如何求同存异、与下属沟通如何求同存异等，并将这些信息整理成方法论，通过图文或视频形式发布。

下面，我将分享一个自己的案例，告诉大家如何通过强化个人 IP，获得惊喜机遇。

**案例**

**强化职场 IP，帮我获得了出书的机会**

新媒体时代，简历不再是公司了解候选人的唯一途径。你的社交媒体账号、在线作品，都是面试官了解你的窗口。那面试官是如何判断一个社交媒体账号的质量的？第一眼，看简介。如果简介中有名企背书，或者专家头衔，他们就倾向于认为这是一个高质量账号。除此之外，如果账号的运营者出版过书籍，也会让人眼前一亮。那么，我是如何获得出书的机会的呢？

第一步是挖掘优势领域。

我同时擅长文案写作、创意策划以及心理咨询。但我更受认可的领域是职场，因为不断有人主动找我提供面试辅导、就业规划等服务。

如果某个领域不断有人要求提供服务，那么大概率这个领域就是求职者的“优势领域”，因为它具备更大的市场价值。

有人会问，如果目前没有特别擅长的领域，如何发掘自己的潜力？

我的个人经验是，多尝试。比如，求职者可以在一些技能交换小组，发布提供不同类型服务的帖子。比如我有一位朋友擅长穿衣搭配，于是他在各大小组发布了提供穿衣搭配服务的帖子。结果他发现，来找他的人中，80%都希望他提供情感咨询。而他最终让受众买单的，也是他情感咨询的能力。所以，这才是他真正的“优势领域”。

第二步是提炼通用方法。

这套方法能解决某种真实的“痛点”，在市场上具有一定的竞争力。

比如有位编剧培训师，她所有的课程中最受欢迎的是即兴喜剧。因为大多数人其实并不需要专业的编剧训练，而是希望通过学习即兴解决某种现实生活中的问题，比如临时被上司叫上台演讲，或表演节目。如果求职者的某套方法能解决一个大多数人生活中真实的痛点，那它就是通用方法。

第三步是进行场景延伸。

在基于高光面试法的基础上，我设置了不同的场景，比如对于刚进入职场的新人、对于转行者、对于想升级成为管理者的人士等，确保我的目标受众都可以从这套方法中受益。

最后，我根据我的个人IP，撰写了一段这样的简介：

“丁晨琦，职场领域创作者，领英认证招聘官，大学起开始帮人修改简历，做过1 000+职场咨询，从美妆公司的一个普通小文案，一步步成为管理者。踩过很多坑，一不小心拥有了超过80%同龄人的经验。

务实的狮子座,梦想是去隐居。”

最后有一家出版社希望同我合作,我因此获得了出书的机会。

新媒体时代,每个人都是一个“微型品牌”。求职者每发布一条图文、一则视频、一个创意、一个作品,都在为自己的个人IP积累资产。通过这些资产,求职者可能获得意想不到的机遇。

3. 面试时如何展示个人IP

这里推荐求职者通过三个技巧在面试时展现个人IP,包括观点总结、恰当分类、提供细节。

(1)观点总结。

求职者要对自己方法论中的观点进行总结。比如“产品经理的核心在于优化用户体验”,“市场营销的核心是让消费者主动传播内容”等。

(2)恰当分类。

求职者根据自己的观点,分类出不同的场景。比如针对“市场营销的核心是让消费者主动传播内容”这个观点,可以分出内容怎么运营、活动怎么运营、社群怎么运营等场景。

(3)提供细节。

在初步阐述自己的方法论后,求职者可以提供与方法论相关的作品和内容,供面试官在面试后详细观看。比如自己录制的课程PPT、拍摄的视频等。细节有助于加深面试官对你的印象。

通过强化自身个人IP,求职者可以突破条件和经验的限制,获得更多惊喜机遇。在下一章,我将介绍如何通过“高光思维”,获得更多成功。

## 思考题

1. 当面试官问小钱,她有哪些内容运营的方法论时,她回答:“我认为内容运营需要很强的话题敏感度。”你会如何优化她的回答？请结合“方法论不是经验论”进行思考。

2. 请针对自己的优势领域，试着提炼出一个独创性观点，并根据不同的场景进行分类。

# 第6章 高光面试法的延伸

这一章,主要探讨的是高光面试法的延伸运用,即具备高光思维,具体包括谈薪资、谈晋升、谈合作、谈人才等场景。

## 6.1 巧用 VIP 法则谈薪资

如何谈薪资的问题,常常让不少职场人士感到困扰,比如常见的问题有:

"入职多久可以谈涨薪?涨薪的幅度以多少合适?

"谈涨薪怎么跟领导开口?

"谈涨薪时需要提到自己的经济条件吗?"

这些问题,反映了他们对于薪资的分配依据并不熟悉。那薪资的分配依据有哪些?对谈涨薪又有哪些启迪?

### 6.1.1 谈薪资的关键在于定制化

以 3PM 薪酬体系(见下图)为例,它是以岗位(Position)、个人(Person)、业绩(Performance)以及人力资源市场价格(Market)等因素为依据进行分配的薪酬体系。

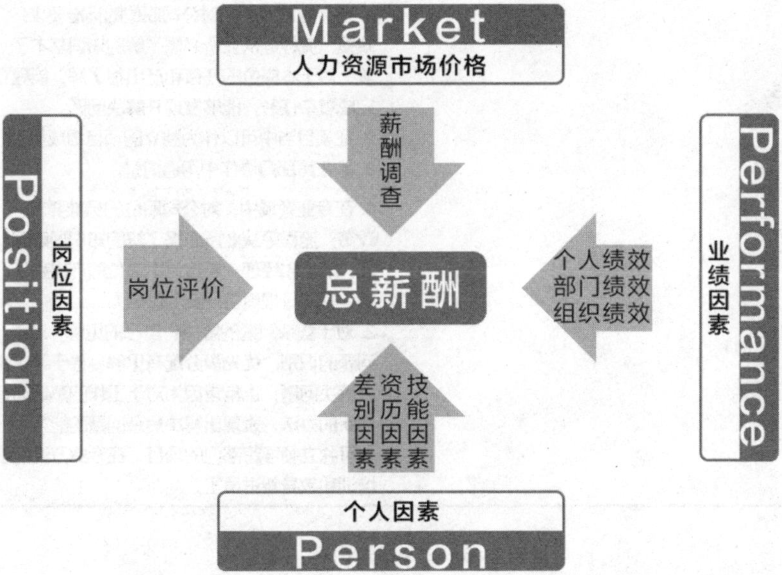


**3PM** 薪酬体系

在上述因素中，除了人力资源市场价格，其他因素都是可浮动的。这就意味着求职者可以了解相应的标准，再进行定制化涨薪申请。

1. 岗位因素

岗位因素指的是针对不同岗位级别划定的工资范围。员工可以通过了解不同岗位级别的要求，来定制涨薪申请。比如员工可以问：“我目前是初级员工，想要达到资深级别，还需要达到哪些条件？”下图是某名企 P5 与 P6 职级的对比，P6 的要求中多出了影响力和问题判断等能力。求职者可以针对这几点定制岗位计划，缩短与目标岗位的差距。

| 层级 | 能力标准 |
|---|---|
| P5 | 1. 在专业领域中，对公司职位的标准要求、政策、流程等从业所必需了解的知识基本了解，对于本岗位的任务和产出很了解，能独立完成复杂任务，能够发现并解决问题；<br>2. 在项目当中可以作为独立的项目组成员；<br>3. 能在跨部门协作中沟通清楚。 |
| P6 / M1 | 1. 在专业领域中，对公司职位的标准要求、政策、流程等从业所必需了解的知识理解深刻，能够和经理一起探讨本岗位的产出和任务，并对经理具备一定的影响力；<br>2. 对于复杂问题的解决有自己的见解，对于问题的识别、优先级分配有见解，善于寻求资源解决问题；也常常因为对于工作的熟练而有创新的办法，表现出解决复杂问题的能力；<br>3.可独立领导跨部门的项目；在专业方面能够培训和教导新进员工。 |

某名企 **P5** 与 **P6** 岗位能力差异

2. 业绩因素

业绩包括个人绩效、部门绩效、组织绩效。绩效一般由管理者及行政部门制订,但员工也可以通过申请资源或权限的方式,争取更多的业绩。比如,申请推广资源提升推广效果。员工可以通过定制业绩目标的方式,申请业绩奖励。

3. 个人因素

个人因素包括技能因素和资历因素等。需要注意的是,技能与经验需要与岗位的需求相匹配,比如公司有剪辑需求,而员工有剪辑的相关技能,可以通过承担更多责任的方式涨薪。员工可以通过定制自我介绍的方式,申请涨薪。

## 6.1.2 如何通过 VIP 法则谈薪资

从上面的章节,我们已经了解到 VIP 法则是通过从企业的角度来定制化地展示自己，从而提升与目标之间的匹配度的方法。该法则在谈薪资时同样适用，其主要包括定制岗位计划、定制业绩目标、定制自我介绍。

1. 定制岗位计划

定制岗位计划主要有三个目标，第一个目标是了解公司对岗位的期待。很多公司虽然有一定的晋升标准，但标准可能没有形成书面文字，员工可以通过询问晋升标准的方式进行了解。第二个目标是了解自己与标准的差距，员工可以通过咨询直线经理或行政部门了解。第三个目标是给予承诺，员工通过定制岗位计划给予公司承诺，未来会有更好的表现。

2. 定制业绩目标

员工通过定制业绩目标的方式与公司达成共识，获得相关的业绩奖励。需要注意的是，该目标需要有具体的完成期限以及考核标准。如目标未及时完成，员工需提供备选方案，促进目标的达成。

3. 定制自我介绍

对于涨薪考核、晋升答辩等场景，员工还需要定制自我介绍。自我介绍不应局限在个人经历部分，更需突出个人的能力与潜力。

下面，我们来看一个案例。

**案例**

**三个"定制"，帮我获得了涨薪的机会**

我在广告公司担任策划期间，曾通过主动申请涨薪的方式，实现一年三次涨薪。我是如何做到的呢？答案是凭借三个"定制"：定制岗位计划、定制业绩目标与定制自我介绍。

第一步是定制岗位计划。

我了解到公司虽然有涨薪制度，但对于细节并未做出明确规定。因此，我申请涨薪的第一步是了解公司对岗位的期待。当时我的职位是策划师，对应的更高一级是资深策划师。于是，我先到网上阅读了大量资深策划师的岗位介绍，总结主要能力有三：

(1)独立制订策划案；

(2)对策划过程中产生的问题有辨识能力；

(3)能影响并指导团队中其他成员开展策划工作。

于是，我与自己的直线经理沟通，了解公司对岗位的期待是否符合以上能力。得到肯定的回复后，我询问自己的直线经理，自己与资深的策划之间有哪些差距。

在他的帮助下，我定制了岗位计划，包括为了提升问题的辨识能力，进行每日复盘计划，以及为了提升团队影响力，主持每周的策划分享会。

通过执行以上计划，我得到了第一次涨薪的机会，并进入资深策划的备选名单。

第二步是定制业绩目标。

我注意到，手头客户的续费率，是维持公司盈利的重要指标。因此，我与直线经理协商，如果能在半年内将目前客户的续费率提升30%，就可以获得第二次涨薪的机会。直线经理同意了。于是，我开始主动给每一家客户打电话，针对他们的需求提供续费计划。半年后，我的目标达成了，我也获得了第二次涨薪的机会。

第三步是定制自我介绍。

经过长达8个月的考核期，我终于迎来了晋升答辩的机会。在自我介绍的部分，我没有按照常规介绍自己的经历和业绩，而是从辨识问题、提升团队的角度，列举了自己的优势，比如我丰富的培训经验，可以帮助其他策划师提升续费能力等。

最终,我获得了第三次涨薪的机会,并成功晋升为资深策划师。

### 6.1.3 定制业务重心表,助力薪资提升

在与公司沟通工作重点时,常常会出现这样一种问题:求职者无法说清目前的工作,在提升前与提升后有哪些具体的差别。这里,建议使用业务重心表来展示自己的工作重点。

业务重心表是一种直观展示工作重点分布的表格,它包括模块、模块内细分工作、所占百分比、预计产出等。如下表所示:

**业务重心表示例**

| 模块 | 模块细分内容工作 | 所占百分比 | 预计盈利(万元) |
|---|---|---|---|
| 客户管理 | 大客A | 40% | 10 |
| | 大客B | 10% | 10 |
| | 小客A | 20% | 1 |
| | 小客B | 30% | 1 |

通过上表,我们可以看出目前工作存在的问题是,小客的盈利产出仅占大客产出的10%,却要耗费50%的人力。随后,员工可以提供修改后的业务计划表,用于展示自己的工作计划,如下表所示:

**修改后的业务重心表示例**

| 模块 | 模块细分内容工作 | 所占百分比 | 预计盈利(万元) |
|---|---|---|---|
| 客户管理 | 大客A | 50% | 40 |
| | 大客B | 20% | 20 |
| | 大客C(新增) | 10% | 10 |
| | 小客A | 20% | 1 |

上表中,我们可以看出该员工的计划,是清退部分盈利不理想的小客,并通过提升大客精力分配与数量的方法,提升盈利。

通过业务重心表,员工可以更直观地展示自己的工作计划,为涨薪打下良好的基础。下一节,我会和你聊聊如何巧用故事法则谈晋升。

### 思考题

1. 谈涨薪时需要提自己的经济条件吗？请结合 3PM 薪酬体系进行思考。

2. 请针对你理想中的岗位定制计划,并通过咨询直线经理或行政部门等方式了解自己与该岗位的差距。

扫码看视频

## 6.2 巧用故事法则谈晋升

关于晋升,员工通常会有以下困惑:

“我平时多以支持性工作为主,包括数据统计、报表整理等,晋升面试感觉没什么可说的,怎么办?”

“晋升答辩 PPT 是不是展现专业性就可以了,比如放很多图表?”

“晋升 PPT 是不是不用准备得太详细?毕竟工作时的态度大家都能看到。”

这些问题反映了员工对晋升面试的不了解。那么晋升面试有哪些常见的误区?员工又应如何避免?

### 6.2.1 晋升面试的常见误区

晋升面试的主要误区有以下三点:没有针对标准、没有说好细节、没有体现价值。

1. 没有针对标准

员工通常会对自己过去的经历泛泛而谈,而不是针对晋升标准进行介绍。比如下图某名企岗位中,从P6晋升至P7需要提升的经验包括跨部门项目经验、公开分享经验、创新项目经验等,员工应当根据这些进行具体展开。

| P5 | P6 | P7 |
| --- | --- | --- |
| 1.基本掌握岗位所需技能;<br>2.熟练基本的业务流程;<br>3.能够基本完成上级交代的任务;<br>4.善于独立思考,良好的沟通能力和汇报能力。 | 1.在现任岗位担任1年以上工作;<br>2.熟练掌握岗位所需技能;<br>3.拥有很强自驱力和执行力;<br>4.能够高效完成上级交代的任务;<br>5.与业务紧密配合,达成业务指标;<br>6.结构性思维;<br>7.创新能力。 | 1.在现任岗位担任2年以上工作;<br>2.熟练掌握岗位所需技能;<br>3.至少主导过1次以上跨部门合作;<br>4.与业务方紧密配合,高效达成业务目标;<br>5.极强的自驱力和执行力;<br>6.完成讲师培训,在公开场合分享至少3次以上;<br>7.至少有1项创新型项目,坚持持续创新。 |

某名企晋升标准

2. 没有说好细节

有些员工虽然针对晋升标准阐述经历,但他们往往无法清晰说出细节。比如,在提到自己很靠谱时,他们会说"我每天都按时完成数据统计"或者"我工作中从未出过差错",这就不会给评审官留下很深印象。更好的做法是通过一到两个事例,强化自己的特点。

3. 没有体现价值

员工容易犯的另一个错误是,虽然展现了很多数据,却无法体现自己的价值。比如,强调自己在过去的一年中主持了多少次会议,提交了多少份报告,但却没有体现通过会议和报告为团队带来了什么贡献,比如提升了整体工作效率等。

### 6.2.2 如何通过故事法则谈晋升

故事法则是指用讲故事的方法,在短时间内调动评审官的情绪,从而化被动为主动的晋升面试方法。它包含以下几个步骤:抓住特点、细化情节、突出价值。

1. 抓住特点

一场晋升面试的时间有限,员工不可能讲述自己的所有优点,但列举几个与晋升标准相关的关键词,可以帮助评审官加深对该员工的记忆度。比如某名企岗位从 P6 晋升至 P7,其中一个关键词是“自驱力”,员工可以抓住自己的这个特点,讲述故事。

2. 细化情节

对于某个关键词,比如自驱力,员工可以从不同的维度讲述,如“主动总结”“主动分享”“主动创新”。员工还可以通过具体的细节强化评审官的感知,比如“主动分享”的细节是自己发现组员不会用 VLOOKUP() 函数后主动调研,了解公司其他成员 VLOOKUP() 函数的使用情况,并主动组织培训,以提升公司整体技能。

3. 突出价值

员工通过可量化的指标突出自己的价值。比如在组织培训后,调研显示公司对 VLOOKUP() 函数的掌握率从 40% 提升至 90%。

下面,我会通过一个学员的真实案例,告诉你如何通过故事法则谈晋升。

**案例**

**巧用故事法则,学员成功在游戏名企晋升**

小王在某游戏名企担任资深策划岗位,他想要争取该公司策划管理的岗位,于是找到我对他进行晋升面试辅导。

在研究了策划管理的岗位介绍后，我们发现其与资深策划的主要区别在于（见下图）：

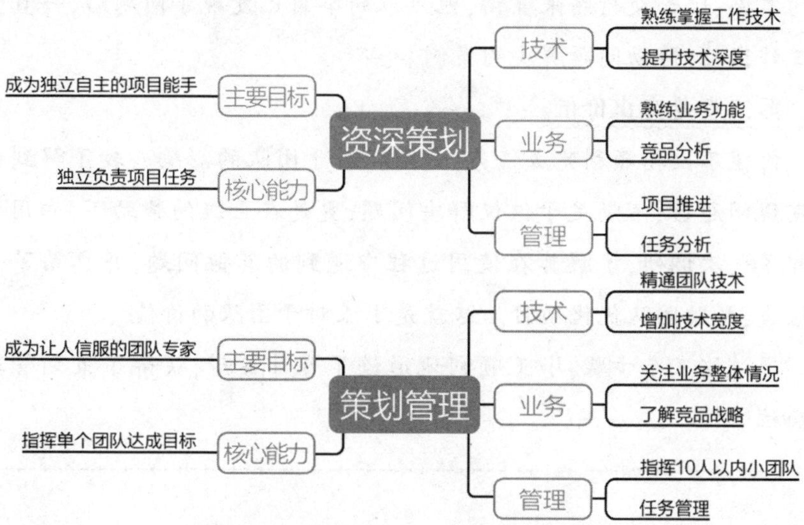


策划管理与资深策划对比

（1）从独立完成任务到指导团队工作；

（2）从熟悉业务到掌握业务整体情况；

（3）从项目管理到团队管理。

策划管理的工作较为琐碎，如何在短时间内给评审官留下深刻印象呢？我建议小王通过以下三个步骤来进行晋升答辩：抓住特点、细化情节、突出价值。

第一步是抓住特点。

小王性格内向，没有太多的管理经验，这两点在管理上都不属于优势。但与小王仔细沟通后，我发现他最大的特点是"靠谱"，即能负责任地完成领导交办的工作。我建议小王将这点作为主要优势去阐述。

第二步是细化情节。

关于靠谱这个特点，可以分为不同的场景，包括完成任务靠谱、分析问题靠谱、交付结果靠谱等。对于不同的场景，我建议他通过不同的故事加深评审官的印象。比如分析问题靠谱，他可以列举自己曾在值夜班时，发现了一个全组人忽略的问题，并将此问题及时反馈给上级的案例；比如交付结果靠谱，他可以列举自己发现了问题后，一直坚守工作岗位，协助问题解决的案例。

第三步是突出价值。

价值不仅指顺利完成任务，更是指对于团队的影响。我了解到小王发现问题后，不满足于仅仅解决问题，更是在上级的帮助下，向用户发起了一次调研，了解其在使用过程中遇到的其他问题，并总结了一份报告，帮助团队优化项目。这就是小王对于团队的价值。

通过这三个步骤，小王顺利地通过了晋升答辩，获得了策划管理的岗位。

### 6.2.3 如何用 STAR 法则说好晋升故事

在阐述自己的成就故事时，员工往往会滔滔不绝地描述自己的经历，或阐述项目难度有多高，或阐述自己在其中有多辛苦。事实上，一个成就事件的好坏并不取决于以上因素，而是取决于员工在典型情景下的反应，以及其能力是否有通用性。试着对比下图两位员工的故事：

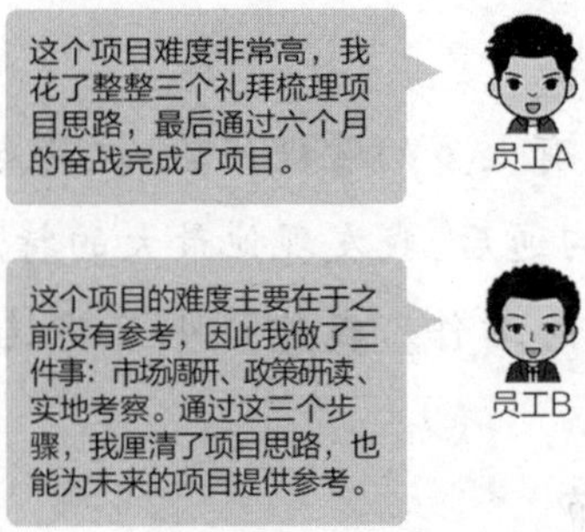


两位员工的回答对比

员工 B 的回答优于 A,因为他对挑战情景进行了总结,并将做事过程提炼成了方法论。

我建议,员工通过 STAR 法则来说自己的晋升故事。

1. 情境(Situation)

情境描述的关键在于强化典型性。员工需要思考,这个项目是否对未来的某种情境具有参考意义。

比如在描述某内容创作项目时,员工可以这样讲述情境:“这个项目主要的特点,是首次流程化地运用素人创作者进行内容产出。”

2. 任务(Task)

任务描述的关键在于概括挑战。很多员工喜欢强调任务时间紧、人手少,但这些挑战并不能体现对于项目的深度认知。员工需要针对情境来概括挑战,比如素人创作项目中,素人缺乏创作经验就是核心挑战。

3. 行动(Action)

行动描述的关键在于提炼步骤。比如基于素人缺乏创作经验的挑战,可以提炼出如何向素人传达要求,如何帮助素人进行创作,如何要求素人进行修改等步骤。

4. 结果(Result)

结果描述的关键在于提供参考。除了项目本身是否成功以外,员工还应总结做好某类项目的关键,以及从中体现了自己的哪些品格。比如可以说:“这个项目提炼出了一套完整的沟通流程,未来对于新项目的引进都有参考价值。之后,我也会很好地利用自驱力,总结出更多的项目经验。”

下一节,我将分享如何巧用案例法则谈合作。

### 思考题

1. 请总结自己公司的晋升标准，并通过“抓住特点”的方式，阐述自己竞聘的优势。

2. 小李在描述项目时，认为项目的核心挑战是其他部门不配合，这样描述有何问题？请结合“概括挑战”进行思考。

扫码看视频

## 6.3 巧用案例法则谈合作

当一个公司想建立与另一个公司的合作关系时，常见的方法是发送几个相关案例，但对于以下三种情况，传统的发送案例的方法却不奏效：

(1)初创公司，没有太多的案例积累；

(2)创新领域，没有相关的案例参考；

(3)有相关案例，但与现实情况有较大差距。

在上述情况下，应如何尽可能争取合作的可能性？

### 6.3.1 没有案例，就定制案例

想回答这个问题，首先要了解案例的本质是什么。一般而言，案例包含以下三个组成部分。

1. 合作背景

案例中之所以要放合作背景，是希望强调与本次合作有着类似的场景。比如客户与案例一样面临着预算低、年轻受众匮乏的问题，那案例中的解决方案就会更有参考性。但在互联网时代，客户面临的问题越来越多样化，案例背景也可能有很大差异。

2. 解决方案

解决方案展现的是本公司拥有解决合作公司问题的能力。解决方案往往是基于痛点展开的,但由于行业的发展,一些基础的痛点已经被解决,客户面临的是更加深层次且不确定的挑战。

3. 执行结果

执行结果不仅是案例的总结数据,更包含对消费者产生的具体影响,包括资源的开拓、方法的开拓以及参照意义。由于不同项目的情况不同,结果的参照意义往往有限。

因此,我建议:在没有合适案例的情况下,员工可以思考如何针对场景、针对变化、针对消费者进行案例的定制,从而争取合作的机会。

### 6.3.2 如何通过案例法则谈合作

案例法则是指通过短期内尝试一个与目标项目类似的项目,创造一个新的案例,从而说服合作公司的方法。它包含以下三个要点。

1. 针对场景

尽管案例的受众人数、使用范围未必与目标项目完全相同,但解决的问题往往类似。比如品牌都面临流量增长见顶,缺乏低成本获取流量的方法的困境。这时,员工可以在新案例中创造一个类似的场景,提升说服力。

2. 针对变化

员工需要识别出行业内发生的变化,并针对变化制订解决方案。比如行业内的变化是,常规的营销方式无法带来很好的传播率,那新的案例中,需要体现创新的营销方式。

3. 针对消费者

员工需要针对目标消费者，定制符合他们特征的案例。比如目标消费者更多的是年轻群体，就要使用他们喜欢的语言和玩法，与他们进行互动。

下面，我将通过一个案例说明，如何通过案例法则谈合作。

**案例**

**定制创意案例，帮助客户打开年轻市场**

有一次，一家打印机品牌找到我们公司，希望推广一款学习型打印机，以促进在年轻用户中的传播，要求如下：

(1) 希望用较低预算完成传播；

(2) 希望营销形式受到年轻一代的喜爱；

(3) 希望受众自发参与到传播过程中。

通过需求分析，我们决定通过素人制作内容的方式，帮助品牌实现需求。当时，我们有一个 4 000 人的开放式创作社群，就想让这些素人自制视频传播。但问题是，我们没有相关案例，品牌方能相信我们吗？

经过思考，我们决定定制一个案例，然后将效果展现给品牌方，促进合作。我们计划通过三个步骤定制案例：针对场景、针对变化、针对消费者。

第一步是针对场景。

我们注意到，品牌方平时的视频，主要通过一只叫作佳佳的猫讲解产品卖点，这是一种典型的“萌式营销”，拉近了与年轻一代的距离。由于本次的主推产品是学习型打印机，受众主要是年轻人，我们决定将萌式营销作为本次营销的重点场景。

第二步是针对变化。

互联网 2.0 时代,用户不仅是内容的浏览者,更是内容的创造者。在这个背景下,品牌越来越重视让用户参与到互动中。因此,不同于品牌让猫作为讲解者,我们决定让猫成为素材的一部分,让消费者通过自由创作来与猫互动,增加其参与积极性。

第三步是针对消费者。

年轻一代对于严肃的产品讲解没有兴趣,他们更希望用好玩的方式把卖点说出来。该学习型打印机的特点是容易使用,因此我们设计了这样一个场景:素材片段中,一只猫在使用打印机,创作者看到这个片段后,拍摄自己的宠物,并对宠物说:"你看别人家的猫都会用打印机了,你还只会睡大觉、吃小鱼干、玩毛球……"通过这种有趣的方式,消费者能更加清晰地记住卖点。

最后,我们将这个活动在开放社群中发布,当天就收到了 1 000 多条视频,有人拍摄自家饲养的猪,还有人拍摄自己的鸭子,都得到了大量的点赞和传播。该打印机公司看到我们定制的案例后,觉得非常有意思,当场就决定与我们合作。通过合作,我们为客户打开了年轻市场,受到了大量年轻人的追捧。

### 6.3.3 如何有效进行案例总结

在定制了案例之后,我们还需要总结案例,向客户呈现我们的成果。我建议通过三个技巧来总结案例:对比价值、对比效率、对比影响。

#### 1. 对比价值

员工可以通过可信的数据来展现案例的效果。比如,在上述打印机品牌的案例中,千次曝光成本是主要的衡量指标,员工可以通过对比素人创作者与品牌官方的曝光成本来衡量案例是否有效。此外，二次传播率、投入产出比等都可以作为衡量指标。

2. 对比效率

员工还可以通过对比生产效率的方式，凸显案例的价值。比如，传统的官方宣传视频是通过一次拍摄，辐射单个流量池的受众，而素人传播是素材的反复运用，辐射多个流量池的受众，效率更高。

3. 对比影响

除此之外，员工还可以通过调查问卷等方式来了解案例带来的影响。比如，传统传播案例与新案例中，分别有多少受众记住了卖点，这样能让合作方产生更直观的感受。

下一节，我将探讨如何巧用资源法则谈人才。

### 思考题

1. 使用“针对场景、针对变化、针对消费者”的方式，试着为最近接到的一个合作需求进行案例定制。

2. 小王总结自己最近的一个案例时，认为案例最大的优势是获得了很多曝光。请问小王的表述有什么可以优化的地方？请结合“对比价值、对比效率、对比影响”进行思考。

## 6.4 巧用资源法则谈人才

面试到了尾声，面试官问了最后一个问题：“你还有什么问题要问我吗？”

求职者稍加思索，问道：“请问我在贵公司能收获什么？”

面试官侃侃而谈,从公司的广阔平台到薪酬福利,再到个人成长。求职者带着疑惑的表情点点头。他离开后,面试官不由陷入了沉思:是啊,公司究竟能为求职者提供什么呢?

要回答这个问题,我们首先要了解新时代招聘发生了什么变化。

### 6.4.1 从忠诚纽带到联盟关系

如果你留意互联网上评论,会发现越来越多的管理者表达了困惑:

"'95后'和'00后'真的越来越难留住了,我做什么才能让他们留在公司呢?"

领英(LinkedIn)联合创始人里德·霍夫曼(Reid Hoffman)说:新的契约模式,是在预见到雇佣关系变幻无常的基础上,寻求建立信任、投资关系的方法,但与此前牢固的忠诚纽带不同的是,此时双方都在寻求"联盟"中的共同利益。

也就是说,比起告诉求职者"你能获得什么",面试官更应该问求职者"你的目标是什么?"

求职者的目标可能多种多样。比如获得知识和技能,提升在行业内的竞争力;得到试错的机会,获得领域内的相关经验;甚至积累足够多的资源,为未来创业作打算。

而面试官需要思考的是:这些目标中,哪些是公司可以帮助求职者达成的?如何通过合作,让彼此"增值"?

如何解答以上两个问题?我们可以借用一个概念:资源法则。

### 6.4.2 如何通过资源法则谈人才

资源法则是求职者通过创造更多资源来提升自身的潜力的方法。运用到招聘领域,就是公司通过自身的资源,留住优秀人才的方法。资源法则主要包括以下三个步骤:提炼目标、提供资源、提升联系。

1. 提炼目标

首先，公司需要和求职者一起确定他的目标是什么，包括职业理想、成长方向等。推荐问题如下：

“你的人生理想是什么？

“你有哪些短期目标？

“你期待从公司获得怎么样的提升？”

通过这些问题，面试官对求职者的目标有了一个初步的了解，可为资源配置提供准备。

2. 提供资源

在了解目标的基础上，公司可以梳理组织资源，方便求职者进行匹配。常见的组织资源包括人力资源、信息资源、关系资源。

(1)人力资源。

人力资源是指组织成员所蕴藏的知识、能力、技能以及他们的协作力和创造力。比如团队成员多来自知名企业，员工来到企业后可以学习到系统的做事方法。

(2)信息资源。

信息资源是指组织所了解、掌握的对组织有用的各种信息。比如公司内部建立了信息库，员工可以快速找到各种行业平台。

(3)关系资源。

关系资源是指组织与其各类公众良好而广泛的联系。比如公司与某知名平台有合作关系，可以定期领取到该平台的内部报告，而这些是求职者通过外部渠道无法获取的。

3. 提升联系

公司需要提升求职者目标与组织资源之间的联系。比如，求职者未来的目标是创业，公司就可以提供机遇资源，如让求职者参与到公司战略制订的计划中，培养其全面的思考能力。

下面，我会通过一个案例告诉大家，如何通过资源法则谈人才。

**案例**

**资源法则，帮助我留住宝贵人才**

我接手运营部的第二个月，公司发生了一次业务方向调整。原来负责内容创作的团队需要转为达人运营方向。我的其中一位下属是一名剪辑师，他是编导专业出身，一直很喜欢创作，也很有创作天赋，我不知道该如何向他宣布这个消息。

正好有一天，公司负责人让我出具一个运营部规划，其中有个版块是人员规划。我想，何不借着这个机会跟他好好聊一聊？也能为今后的工作打下更好的基础。

我决定通过三个步骤与他交谈：提炼目标、提供资源、提升联系。

第一步是提炼目标。

当天下午，我把他叫到小会议室。我问他的第一个问题是："你的职业理想是什么？"

他说："成为一名编导。"

我内心忐忑起来，但还是佯装平静："你加入公司以来，表现一直很出色，也展现出不错的创作潜力。目前公司业务方向有些调整，会转向更偏达人运营的方向。不知你对这一块感不感兴趣？"

他说："之前没接触过，能具体了解下吗？"

第二步是提供资源。

我把事先准备好的工作规划递给他，上面详细地写了整个运营部未来一年的具体工作。等他差不多读完了，我问他："这上面的工作，有哪些是你擅长的？有哪些是你愿意尝试的？"

他说："达人视频剪辑，是我擅长的。直播跟播和达人培训，之前没有接触过，可以试试看。"

听了这个回答，我顿时舒了一口气，但还是有些担心："培训需要制作 PPT，你之前接触 PPT 比较少，会不会觉得有些挑战？"

他仔细思考了一下，然后回答："我觉得，我们可以录制一些培训视频，替代原来的 PPT 培训。每个视频在 3 分钟左右，还能直接展示出剪辑的界面，达人更容易理解。"

于是，我们协商决定，在接下来的一年中，为他提供以下三种资源：

(1)人力资源：包括团队内的资深员工等，可以协助他策划选题，并提出建议。

(2)信息资源：公司内部与剪辑相关的学习资料。

(3)关系资源：平台合作商的联系方式，可以解答一些平台的基础问题。

第三步是提升联系。

他的目标是成为一名编导，创作能力是实现这个理想的基础。于是，在我们的共同努力下，"3 分钟创意热身"栏目顺利上线，并受到达人的广泛欢迎。这些培训视频不仅易懂，还能根据达人的创作特点，提供一些定制化的指导。而这位剪辑师，也通过培训视频的制作，对创作有了更深入的理解。

### 6.4.3 事业金字塔，帮助人才更好地与公司合作

前面我们了解到，新的契约模式是建立在寻求"联盟"中的共同利益基础上的。下面，我会和大家分享，如何通过事业金字塔，帮助人才更好地与公司合作。

事业金字塔共分为三层(见下图):

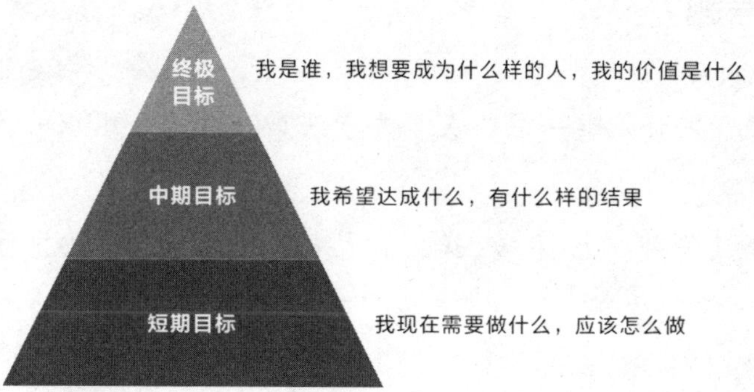


事业金字塔

最上层是终极目标。这主要有我是谁,我想要成为什么样的人,我的价值是什么。终极目标往往是一个人的生活理想,以及想要达到的人生状态。比如求职者未来的理想,是成为一名旅行博主。

中间层是中期目标。这是短期目标和终极目标之间的标志性节点,包括我希望达成什么,有什么样的结果。比如,求职者在现阶段希望通过工作获得经济基础与创作技巧,支持自己旅行博主的梦想。

底层是短期目标。其包括我现在需要做什么,应该怎么做。比如,求职者需要写出第一篇 10 万+浏览量的文章,并归纳出爆款文章的结构。

那么,公司可以如何运用事业金字塔呢?

在入职时,公司可以邀请员工填写事业金字塔表格,以针对性地匹配资源。

在半年到一年后,公司可以邀请员工核对此表格,看看完成了哪些,目标有没有变化。

在员工离职时,公司也可以对照表格,询问员工是否达成了目标,是否还有未从公司获取的资源。

通过这个方式,公司可以和员工更好地合作,以加固联盟关系。

## 思考题

1. 提升薪资是唯一留住人才的方法吗？请结合组织的不同资源进行思考。

2. 请使用事业金字塔，找出自己的终极目标、中期目标和短期目标。